U0120140

老子的正言若反、莊子的謬悠之說……《鵝湖民國學案》正以「非學案的學案」、「無結構的結構」、「非正常的正常」、「不完整的完整」，詭譎地展示出他又隱涵又清晰的微意。

曾昭旭教授推薦語

願台灣鵝湖書院諸君子能繼續「承天命，繼道統，立人倫，傳斯文」，綿綿若存，自強不息。蓋地方處士，原來國士無雙；行所無事，天下事，就這樣啓動了。

林安梧教授推薦語

喚醒人心的暖力，煥發人心的暖力，是當前世界的最大關鍵點所在，人類未來是否幸福，人類是否還有生存下去的欲望，最緊要的當務之急，全在喚醒並煥發人心的暖力！

王立新（深圳大學人文學院教授）

人們在徬徨、在躁動、在孤單、也在思考，希望從傳統文化中吸取智慧尋找答案；另一方面是割不斷的古與今，讓我們對傳統文化始終保有情懷與敬意！依然相信儒家仁、愛之說仍有益於當今世界。

王維生（廈門篔簹書院山長）

鵝湖民國學案

呂榮海 賴研 蕭新永 洪文東 周隆亨 潘俊隆 陳惠娟 陳[illegible]等35人 合著

老子的正言若反、莊子的謬悠之說……
《鵝湖民國學案》正以
「非學案的學案」、「無結構的結構」、
「非正常的正常」、「不完整的完整」，
詭譎地展示出他又隱涵又清晰的微意。

——曾昭旭教授推薦語

鵝湖民國學案

呂榮海 賴研 蕭新永 洪文東 周隆亨 潘俊隆 陳惠娟 陳[illegible] 等35人 合著

華夏出版

快樂自在

達摩難陀法師——著

如何無憂無懼過生活

本書以佛陀的教誨為出發點，
以超越世間宗教的智慧與慈悲，

教人在尋常的生活中自我引導，你將驚覺，
生命竟是可以如此無憂無懼、飽滿自得。

致謝詞

我們希望能對Messr. Victor Wee及Vijaya Samarawickrama表達誠摯的謝意與讚賞，由於他們在編輯本書上的幫忙並提供寶貴的意見，使得本書得以順利問世，我們也同樣地感謝Ms. Chong Hong Choo，從企劃階段到成書，他耗費無數的心血，關注於難以細數的必要的出版細節。我們也要對Messrs. Charles Moreira, Lim Teong Chuan, L. L. G. Jayawardene, H. M. A. de Silva, Teh Thean Choo, Tan Teik Beng, Yau Yue Kai, Tan Siang Chye, Misses Lily See, Lim Mooi Hwa, Hema Cheah, Janet Teoh, Susie Lo，王逢保居士等人一一致謝，如果沒有他們在各方面的協助，這本書是不可能出版的。

序

「人出生、受苦而後死去。」這是安娜托・法蘭斯的著作中，一位智者對生命所作的詮釋。然而，有些自由派的思想家則認爲：「人只是一個小小的機器，由原子任意的排列所組成，不過是自然進化的一部份，痛苦則是人類掙扎求生存不可避免的過程，人命並沒有特殊的『意義』及目的。而死亡是化學成份的分解；分解殆盡後，不殘存一物。」

當以上的兩種說法被某些懷疑論者、唯物論者，甚至偉大的思想家廣爲採用的同時，其他的哲學家及宗教上的先驅，也想發掘出生命的意義及目的，尤其想要探討人生所受苦難的問題。

根據釋尊的看法，每一種物質都不會消滅，始終以「成、住、壞、空」的順序循環不已，永不止息。釋尊也認爲，所有的事物都受苦於無止盡的變化及衝突。然而，這些受苦受難的人們，因爲期待永生與靈魂不滅，願意忍受這些痛苦。就因爲存有這種期待，人們遂產生永遠無法滿足的私心，因此導致恐懼及憂慮。

釋尊在他的教誨中，提供了我們道德行爲的標準。他認爲，雖然我們生活在痛苦與不確定感中，如果我們學習去區分成熟與幼稚的行爲，我們仍然有可能體會到實質的幸福。要達到這個目的，我們的心靈必須先要有正確的觀念。也就是認清生命的貪婪本性及追逐感官喜樂的傾向，並檢討人生變遷與貪婪的結局，以適當引導自己的生活，走向幸福之道。

為何憂傷

第一版《爲何憂傷》（Why Worry）於一九六七年出版，隨即獲得讀者廣大的迴響，並以每版五千冊的紀錄再發行了六版以上，讚賞及感謝的信函從世界各地蜂擁而來。有的來自美國、英國、德國，有的則來自南非及許多亞洲國家。那些表示讚賞的人不僅只有佛教徒，還包括印度教徒、回教徒、基督教徒，甚至一些自由思想家。這本書之所以引起大家的興趣，部份原因是用詞簡單明瞭、內容淺顯易懂，更重要的原因是本書的目的在揭示生命的眞相，不僅以佛教的觀點，更是融入其他宗教及偉大思想家合情合理的觀點，給予那些陷入紛亂複雜的文明世界中的徬徨迷惑者，適度的安慰和建議。

有些人甚至來信表示，他們是如何藉由此書，及時了斷自殺的念頭。有人則說他們

每天晚上會閱讀上幾頁，幫助自己靜下心來，以確信世上的種種問題，總有簡單及實際的方法可以解決。

自從《爲何憂傷》一書出版後，發生了許多事情。這其間我讀了許多讀者的來信，以及和各行各業遭受困擾的人充分的討論後，得到不少新的體驗及領悟，因此，我決定出版另一冊新書。

這本新書討論人類古老的問題，也針對現今的現象加以探討，但是初衷仍然不變，那便是表達出一個人如何透過適切的信仰而活得歡喜自在。我想以實際的及人本的觀點來討論問題，因此，引用許多文句、軼事、趣聞、寓言故事等，來說明一個有智慧的人是如何超越時空看待生命。這些頗具東方風味的文字，可能有些讀者無法加以聯想體會，並覺得它們是屬於特殊文化的一群。然而，這些讀者若能區分故事本身及其要點，便可以受益匪淺。畢竟，世間的問題及眞理對所有人都是一視同仁的。

誠摯的希望本書能爲讀者帶來新的體驗和希望，並期望讀者不要帶有譏諷與懷疑的眼光閱讀本書。

達摩難陀

一九八九年五月十九日

目錄

第四篇 快樂、成功生活的技巧

CONTENTS
快樂自在

第一篇

憂慮及其來源

Chapter 01

第一章　恐懼與憂慮

我們為生活付出恐懼與憂慮的代價，焦慮便是恐懼與憂慮的根源。

恐懼與憂慮似乎是人類生活的一部份，任何一個活在現世的人，都無法從這些不愉快的精神困擾中掙脫。

到底人爲何而擔心呢？他們的憂慮，完全根植於各種不同的承諾及責任，而這些憂慮起源於各種的僞裝。在與人相比時，總感到不如人：「也許我無法勝任那個工作吧！」或「我覺得自己不夠聰明，無法讓人對我印象深刻。」他們不願意以自己眞實的面目，在他人面前出現，因此對自己說：「我不能讓其他人知道眞正的我，這麼一來，別人可能對我失去信心或輕視我。」所以他們只有裝做別人的樣子。

人往往很在乎自己的外表——男人會擔心自己禿頭；女人則煩惱自己的臉上出現皺紋，或憂心自己的身材、膚質、身高等問題。

人們也害怕遭受他人的批評與抨擊，或遭到上司的譴責，他們害怕被人嘲弄，不敢在眾人面前表達自己的意見或想法，但每當有人表達與自己相同的意見，並且得到別人的認同時，又感到憤憤不平。他們深感自己為批評所累，雖然明知那種批評是不公平也不是他們應得的。

擔心自己的家庭又是一個問題：「或許我根本不是個好爸爸（媽媽、女兒、兒子）。」先生擔心自己年輕貌美的太太會對其他男人示好；太太也會憂慮自己英俊的丈夫會離她們而去，或與其他女人私通。未婚男女擔心如何找個好對象；結了婚的夫妻又擔心若膝下猶虛會是多麼寂寞。在另一方面，已有子嗣的夫妻可能要擔心子女的教養問題；有些人則憂慮：「我老公（婆）已不再愛我，可能會遺棄我。」或「等到我老了，孩子會不會照顧我？」有些父母過度擔心小孩的安全問題、是否有足夠的錢應付家庭的開銷、家庭的保安問題、或是眷屬親人的健康情形等等。

在工作場合，人們可能煩惱能否順利完成工作，以及如何做正確的抉擇。「如果我的決定是錯的，那該怎麼辦？」「我應該現在趕快把股票賣了呢？還是遲些再賣？」「我的部屬在財務處理方面是否值得信任？或是他們會不會趁我不在時背叛公司？」有些人擔心可能會造成的損失，或是無法如願獲得升遷，或是被託付太多的責任，有些人則煩惱功成名就時遭同事的嫉妒。

事實上，我們每天所遇到的煩惱，永遠也無法詳細列出來。活著本就充滿了憂慮和恐懼，這造成我們內心的黑暗面。人有無數的恐懼——害怕在不安中驚醒、怕敵人、怕飢餓、怕生病、怕失去財產、怕老、怕死、甚至害怕來世。

人不只擔憂事情出紕漏，甚至事情進行的太順利也要煩惱。在他的心中有種隱約的恐懼感，似乎事情會在突然之間出錯，眼前的快樂可能在下一秒變成悲哀。雖然有人說「沒有消息就是好消息」，但人們還是擔心沒有消息，無端的擔憂使得生活中充滿恐懼。這種不幸降臨在所有的人身上，只有心地純潔的人，才能從桎梏中解脫。

憂慮的原因

在所有負面的精神狀態中，最不健康、最傷身體的是慢性的憂慮。人爲什麼會憂慮呢？最根本的答案只有一個——憂慮是因爲「我」和「我的」概念或佛教說的「我執」所致。

幾乎所有比人類低等的動物均靠本能來生存，而人類則不然。人類擁有優越的思考能力及直覺，慣用理智創造永久的自我，在人類思想史上，佛教對於自我觀念的探討，佔有獨特的地位，佛教的教義指出，自我或精神只是一種概念，通常無法與現實世界相呼應。從對自我的信仰中，發展出錯誤的「自我」和「所屬」想法，因而產生渴求、私欲、欺騙、驕傲以及其他不健全的思想。這「自我」的概念是所有問題的根源，小至個人衝突，大到國與國間的戰爭。

從「自我」的觀念中，人們錯誤的相信，必須不斷的滿足充滿慾望的肉體。因此，如果無法滿足需求和慾望，便會帶給他煩惱和憂慮。

因而，憂慮只是一個渴望世俗歡愉的負向心理狀態。對某樣物體愈執著，就愈怕失去它，但是，當一個人的慾望獲得滿足時，新的需求又會產生。

同樣的，人害怕與厭惡的事物有所牽扯，對喜悅的執著與對不快事物的厭惡，便造成憂慮。有時極端的話，只要與某樣物品或情境有所關連，即使對本人無傷，也會產生憂慮。例如對黑暗的恐懼、置身於封閉空間的恐懼、對空曠空間的恐懼、懼高、害怕動物、惡魔、幽靈、怕小偷、怕敵人、怕符咒、幻想被人攻擊或背地裡遭人殺害等。

一個人經歷的憂慮與遭遇，只是自我對多變的塵世慾望所產生的交互作用。無法了解這項事實，是遭遇諸多痛苦的原因。但是，如果一個人能夠修養內心，理解生命的本質和特性，便容易克服痛苦。因爲他了解，無論是愉快的經歷或是所愛的人，終有遠離的一日，而且隨時均可能發生；可能在事業起步之初、或中途、甚至在結束之際。在這不確定的世界裡，唯一確定的事是凡事均有終點。所以一個認爲自己是不可或缺的，或事必躬親的人應該想想，當他無法在場時該怎麼辦。他會被人所懷念，也可能有人會覺察到他已不在人世，但時間不會太久。沒有一個人在世界上是不可或缺的，少了他一人，世界還是會繼續運轉。既然如此，他就大可不必這麼擔心自己，心懷想像的憂慮，以至傷害自己的健康，縮短人生的旅程，直到終點——死亡。

親密關係的破裂亦會帶來痛苦。當自己所愛的人離開了，便感到失落、灰心、絕望與充滿挫折，這是自然反應。當自己被所愛的人拒絕時，總是痛苦萬分的，但有些人不去克服困難，讓時間來治療傷痕，反而以沮喪來痲痺自己，在心裡想了一遍又一遍，找各種方法或手段治療自己破碎的心，有些人甚至使用暴力來發洩憤怒與挫折。

恐懼和迷信

此外，還有一種在人心蔓延的恐懼：對自然及未知的不可抗力的恐懼。在人學習和野獸搏鬥，並且保護自己防禦外族時，這種恐懼長久以來即深駐人心。在漫長的蠻荒深夜中，當人與大自然的力量抗衡時，迷信的種子早已深植人心而傳承下來，一代延至一代，迄今未止。

恐懼在原始感官中，被形容爲一種強烈的感情反應。發生時，在本能上有想逃離引

起該恐懼情境的衝動，並出現如臉色蒼白、顫抖、心跳急速、口乾舌燥等生理狀態。

根據名心理學家約翰．柏多斯．華生的說法：「恐懼是三種自然情感的反應之一，另外二種是愛與憤怒。」依華生的觀點，突然失去關愛或遇到巨大噪音，皆會導致初生兒的恐懼感。他相信即使是嬰兒，也需要受到摯愛與給予信心。母愛可以緩和他心中的焦慮。人們相信初生嬰兒心中的恐懼，可能與前世的生活方式有關，這些恐懼仍深刻的烙印在嬰兒心中，而這些與前生有關的恐懼感，時常會在幼兒時期表現出來。

當面對無法理解的勢力時，原始人與野獸間的差異便很清楚。野獸直覺的去適應並屈服於威勢下；然而，原始人在被凶狠的野獸包圍，或面臨自然現象如雨、風、暴風、閃電，及天然災害如地震、火山爆發、傳染疾病時，會匍匐在地上，向未知的力量尋求保護。從稍早對外界力量的感覺，人認爲可以藉禱告來停止災害，就像自己也可被取悅般。原始人發展儀式及信仰，把自然的力量當作神，若是助力就變成「善神」，若是阻力，則變成「惡神」。

於是，那些不了解自然法則的人便心生恐懼，不管是原則也好、動機也好，恐懼是迷信的開始，在許多宗教信徒的內心中，他們依賴神的幫助來滿足需求，深恐得罪造物主，因此，許多宗教制度及信仰的根基，都建立在對未知的恐懼上，而由宗教產生的恐懼是最嚴重的一種，因爲它禁錮並誘惑人心，並助長無知與迷信。

在這千變萬化、對問題永無解決之道的世界裡，人們渴求自身及所愛的人的安全。在自認爲解決了難題時，原先產生問題的環境可能已經改變，因而引發另一個問題，情況依然令人困擾與迷惑。於是，他深感憂慮，就像一個在沙灘上築城堡的小孩一般，擔心著每一次風浪的襲擊。

在這種渴求安全感及害怕死亡的情況下，我們只好求助於宗教力量。於是在神祕的宇宙中，對於令人恐懼的物品發展出了信仰，是無知與對未知的恐懼，使人產生最初的宗教信仰。人們認爲宇宙的一切運行原則，都是由超越自然力量——完美的神所掌握。雖然科學的發展多少減低了這些迷信，也增進現代人的知識，但是過去的迷信依舊殘留在人心。因此，人們必須從束縛中掙脫開來。迷信削弱意志，囚禁人心，而且荒誕不經的宗教理論及信仰，不僅深植於粗野不文的人心，也在受過高等教育的人心裡根深柢固。

因此，我們應該記得釋尊說過的一句話：「不論恐懼源自何處，它總是來自愚人而非智者。」

憂慮帶來什麼

亞力斯．卡羅醫師說：「當嫉妒、仇恨和恐懼成為習慣時，疾病就不遠了。」醫學的觀點是，假如無法消除煩惱與憂慮，有些如糖尿病、高血壓、胃潰瘍、皮膚病、哮喘等疾病將更形惡化。當我們產生需求時，慾望的念頭會引起生理的失調。醫生發現，病人有時是在自我期許下康復，而非醫師的診療。心靈的傷痛會徹底瓦解健康的身體。企業家若不懂如何排解憂慮及沈重的壓力，往往會英年早逝；而無論外界如何地騷動，能夠保持內心平靜的人，則不會引起生理與心理的疾病。

經驗也顯示，憂慮時常導致身心失常，憂慮使血液更快乾涸。適度的恐懼與憂慮是自然的，並且對自我成長或許也是必要的，可是，若控制不住時，長期的恐懼和憂慮對人體只會造成破壞，這些要素均會削減身體自然的功能。

根據醫學上的觀點，治療功能失調症狀的患者時，須密切注意病人的心靈狀態；同時，憂慮不但不能解決問題，反而會帶給人身體、心靈的摧殘。而且，一個長年憂慮的人，通常會給家裡、辦公室甚至社會上造成不愉快的氣氛，透過他個人的憂慮、驚慌引起的鹵莽行徑，經常會破壞了周遭的平和與歡樂。

如同憂慮可以造成自己及他人的傷害般，恐懼亦然。持續的恐懼使一個人處在長期精神戒備和劇烈掙扎的痛苦中。恐懼腐蝕生命、墮落人心，它是一種強烈的悲觀力量，時常為未來的前途蒙上陰影。假若一個人懷有任何一種恐懼，他的思想必然受到影響，這種不健全的心靈狀況會慢慢侵蝕人性，甚至變成惡魔的主人。

恐懼的力量對我們影響之大，它甚至被形容為人類的撒旦，有幾百萬人經常生活在恐懼之中，他們對惡魔、幽靈與眾神感到恐懼，這是人性無知的表徵。

如果對威脅的來臨，沒有預先的心理準備，突然而至的危機可能會將恐懼轉變為驚惶失措。

第二章　我們的困擾

遇到困難，有兩種處理方法：去改變它，否則便去面對它。倘若可以盡人力去挽回，何必憂傷呢？——去改變它呀！假如已經回天乏術，也　須沮喪，憤怒和憂心都不會使事情回轉的。

——聖提蒂瓦

生活是一連串不如意的旅程，只要活在世上，困擾和煩惱就會成爲生活的一部份。生命中充滿著利益、名聲、讚美與歡樂，然而我們也有面對不利環境的時刻，例如失敗、毀謗、責備與痛苦。生活如同鐘擺，搖動不定，目前搖蕩到令人欣然接受的情境，或許下一瞬間又擺到令人避之唯恐不及的狀況了。

人通常有誇大問題的傾向，而不去了解事情的眞正原因。這與「小題大作」類似。當失去所愛的人、事、物時，總覺得自己再也不會有任何歡樂可言了。如果遇到一些人無法了解他們的需要，卻又不斷困擾他們時，便會感到從未受過如此不堪的待遇，而將傷害埋在心裡，帶著沒必要的痛苦，繼續接受這些想法的折磨。讓我們摒棄這些想法，了解到萬事都有終極，所受的困苦總有消弭的一天，不是更好嗎？

我們應該了解，生命中所遭受的一切，終有解決之道，沒有永遠受詛咒的災難，除非自己願意讓事情如此發展。去了解所有制約的現象（包括災難及各種問題）所引起的原因是很重要的，而且每件事的發生一定有其前因後果。藉由找尋問題的根源，便可以解決各種形式的災難。

面對問題

遇到問題不可氣餒，相反地，要明智的去克服它。沒有一個世俗的人可以從困擾中解脫，因此，不是問題本身來區分何者是智者，何者不是，重點在我們面對問題的態度。

蘇格拉底的太太是以火爆脾氣聞名的，常常挑先生的毛病，幾乎每天喋喋不休的責罵他。有一天，在太太罵完了之後，蘇格拉底卻讚揚她的措詞及演講技巧都比上一次進步了不少。

這顯示一個聰明人是如何面對問題，並以幽默的方式來自我消遣。

尼赫魯曾說過：「我們應面對問題，並想辦法解決。我們要用心靈去面對，而不是

拿怪力亂神為名義當擋箭牌躲開。」

依拉．威克斯在《笑談人的困擾》上提出她的觀點：

當生命就像一首歌時，
快樂是很容易的；
但人活得有價值——
在於他懂得笑，
尤其在事情錯得離譜時。
心靈的困擾是一種考驗，
且常是經年累月的，
令世人讚賞的微笑，
是閃爍在淚水中的笑容。

瑞賓．泰戈爾博士是一個著名的印度詩人，他在祈禱文裡表達面對問題的態度，不必藏匿自己的恐懼及憂慮。

不要讓我汲汲尋求避免危險的保護，
而是無懼地去面對。
不要讓我祈求消弭痛楚，而是有顆征服的心。
不要使我懇求消除憂慮的恐懼，
而是希望有贏回自由的耐性。

不如意的事情發生，譬如當我們喜愛的事物遺失或損毀了，有兩種方法來處理：可以責怪自己或他人，因而籠罩在低潮情緒中；或者拋開煩惱，說：「事情已經過了，丟掉東西已經夠悲慘的了，爲何還讓自己因而不快樂呢？」追溯原因，日後不要再犯錯才是眞正的解決之道。我們也該想想因應措施，或是可能引發的問題。假如損失沒有影響到他人，或許就應該將注意力轉移到其他事情上，因爲問題的原因可能十分複雜，不是輕易能夠找到解答。如果不幸的事超出我們的控制之外時，我們應該依仗對生命的了解，鼓起勇氣去面對它。

換句話說，以積極肯定的態度去面對問題，而非駝鳥式的躲藏。假如因負面的想法

導致不愉快，那眞是自作自受。

根據釋尊的說法：「心靈是先驅，是首領；萬法唯心造。」他認爲悲傷是由自身行爲及無知引起的，並指點眾生必須自己去找尋快樂、擺脫悲傷。

培養勇氣及理解力

藉著正確的靜坐方法及釋尊的教誨，可以根絕所有的負面思想，因爲一顆未經修行的心，正是所有問題的根源。釋尊說：「心靈是很難理解的，它十分敏銳且游移於意志間。智者會守護它，因爲小心維護心靈常會導向幸福。」

人往往易於將自己的憂慮歸罪於他人，尤其是找不到解決方法時更甚。在這種情況下，很容易找來代罪羔羊——可以受責備、發洩苦情的人。例如小孩受傷而哭時，爲了讓他不再哭，媽媽假裝打其他小孩，顯示已經有人受罰，小孩子報了仇，因而得到滿足，便展開笑顏。這明顯的表示，對人採取報復手段會滿足一個世俗者的心。

要承認自己的缺點總是很難，而責怪別人就顯得容易得多。事實上，雖然這種態度是錯誤的，卻有不少人引以爲樂。所以當遇到相同的情形時，我們不應該對人心懷恨意，應該竭力承受痛苦並冷靜的解決問題。要記得當他人製造麻煩令人憂心時，假如我們知道如何保護心靈，便無人可以眞正侵犯自己。

在《法句經》中，釋尊說：「即使是最壞的敵人，也不能像自己毫無防禦的內心般傷害自己，然而一旦心靈被操縱了，即使是父母或任何親人也不能幫你。」

以下是一位有名的詩人所寫的一首詩，能夠幫助我們坦蕩蕩的以勇氣來面對麻煩。

心懷自信

在他人失態而責怪於你時，依然昂首闊步；
在遭他人懷疑時，依然相信自己並寬容他人。

遭受他人欺騙，而不落入圈套，
或遭人怨恨而不回報，
雖然自己相貌平平，說話也不機智；
依然等待，耐心的等待。

假如擁有夢想，應該心懷世界，
假如擁有思想，卻不圖利自己；

榮耀與災難便無軒輊。

依然不對損失置喙一言。
輸盡又重新開始，
孤注一擲於骰子遊戲的風險中，
將贏來的錢財，

當自己口中說出來的真理，
遭流氓扭曲、愚人誣陷，依然可以忍受，
或眼看自己一生的心血遭受破壞，
有勇氣以破損的工具重建；

當精疲力盡後，依然可以強迫心智繼續運作，
當體力耗盡，
只剩意志說：「撐下去！」

當與眾人接觸，依然保持美德，
或與國王併肩而行，依然保持謙卑，
當敵人或摯愛的人皆不能傷害你，
當所有的人把你當成其中一員，但卻不過火；

當你原諒那不可原諒之事，
世界便屬於你，
更世俗的一切事物均包容在其中，
如此，
你將成為頂天立地的人，孩子！

在面臨恐懼時，要有相當的勇氣去了解事情眞相，並有更大的毅力去接受經歷過的眞理。恐懼是自己造成的，但若能坦然面對，恐懼就無所遁形。坦白面對恐懼是很重要的，假如我們可以客觀的追溯恐懼的來源，這場克服恐懼之戰已經拔得頭籌了。

憂慮時，不要擺張鬱鬱寡歡的臉展現給世界看，每個人的問題已多如牛毛，根本無暇顧及他人的問題。如果我們願意，我們可以把問題交給值得信賴的人，或說給能對我們伸出援手的人聽，千萬不要再添增哀愁給那些自顧不暇、愛莫能助的人。

遇到困難時，您是否有勇氣保持微笑呢？如果能減少自我為中心的心態，以為只有自己才需要安慰，那就不難了。而且應該惜福，不怨天尤人。記得一句話：「我總在抱怨自己沒有鞋子穿，直到有一天我遇到了一個沒有腳的人。」思及此，便可以了解還有太多比我們更悲慘的人，自身的問題也就顯得不是那麼重要了。

想想別人，不要籠罩在自己的困境中也是一種快樂的方法。忙於為他人帶來快樂的人，根本沒有多餘的時間想到自己的私利。

有個學生問一位著名的英國解剖學家一個問題：「治療恐懼，最好的方法是什麼？」他回答：「試試為他人做點事！」這學生感到很驚訝，並要求進一步的說明，老師說：「心中不能同時有兩種互相對立的想法，否則必會產生互相排擠的現象。舉例來說，假設心靈完全被摒除自私、樂於助人的意念佔滿了，就不會有剩餘的空間容納恐懼。」這觀點說明健康的思想與不健康的思想是不會同時出現的，與佛家所言相同。建立起一顆光明的心，困惑恐懼將不會在心中紮根，並且，還要保持一顆溫暖的心，幫助他人。

磨練心智的另一個重要步驟是鍛鍊體魄及言行。五官包括眼、耳、鼻、舌及身體，提供眾生對於環境感覺的訊息。眼睛看到物體而創造思想，正如耳朵是聽覺系統，鼻子是嗅覺系統般，藉由感官中的視覺、聽覺、嗅覺、味覺及觸覺，心靈可以分辨哪些刺激是令人雀躍的、厭惡的或是中立的，而且，還偵察出身體對這些訊息的反應。大部份的人對物體的反應是自發性的，親近悅人的物體，避開令人憎惡的東西，極少人能擺脫這些制約反應的控制。

一個人要學會控制自己的思想，才能掌握好自己的身體言行。思想可分為健康的與不健康的，健康的思想能夠發展出正直的人格、合適的態度和正當的行為。這種思想有助於人類的福祉。相反的，那些阻礙積極的人格發展以及對人類有害的，便是不健康的思想。

人要學習認識思想的本質，因為思想瞬息萬變。人一旦發展出觀照思想的技巧，那麼他在培養正確思想上已邁出了一大步。如果思想不純正，他應該竭力摒棄這些不正的思慮；如果思想純正，他應該盡力去培養發展它。換句話說，透過對思想了解的修養，人可以駕馭自己的心靈，而不被感官玩弄於股掌之間。

鍛鍊身體以淨化心靈與言行可以帶來歡愉。每個人都想活得快樂些，而快樂本就是

每個人的天賦人權，想獲得與生俱來的快樂，應力行佛家所訓誡的淨化自己的過程：

一、拋棄所有醜惡的念頭。（已生惡令永斷）

二、摒棄有害的思想。（未生惡令不生）

三、培養健全的信念，並每日身體力行。（已生善令增長）

四、孕育尚未萌芽的健全思想。（未生善令得生）

這四個原則（四正勤）可在日常生活中輕易的實踐，這是保存一顆清澈明朗的心的方法之一，人人均可做到。雖然如此，仍然有許多人無視於自己的渴望、欲求及嫌惡的情緒，其實，假如眞心想擁有快樂，實在不該如此。我們應該立即自我覺醒，培養積極健全與啓發性的觀念，而現在正是開始著手的最好時機。

以正確的觀點思考問題

面臨棘手的問題時，總覺得沮喪，看起來似乎很嚴重。這時，可以在夜晚時分出外散步，抬頭凝視夜空，見到滿天星光點點、燦爛奪目。從外太空看來，太陽在整個銀河系中也只不過是眾多星星的其中之一。假如太陽突然從外太空消逝，就整個宇宙而言，恐怕是渾然不覺的。

我們的世界在宇宙中只是滄海一粟，假如我們都消失了，又有何宇宙性的象徵意義呢？當然，所愛的人、朋友會想念我們一陣子，但除了他們，也許再也沒有人會了。與自己相比，我們的困擾又是多麼渺小。思及宇宙的浩瀚，太陽相較之下就顯得微小，更遑論我們所處的世界了，相形之下，困擾是多麼微不足道。

假使從這個觀點來看，便可了解八正道中第一道的「正見」的含意，它是正確的價值觀，就是要我們不要以自我爲中心，視自己的重要性甚於一切，進而了解生命中的事物哪些重要，哪些則否，以及體會困擾對我們的微不足道。想一下回教徒珍貴的諺語：

信仰是力量的來源，
悲傷是我的朋友，
知識是我的武器，
耐性是我的裝束及美德。

——先知穆罕默德

麻煩很快就會遠離，今日使您悲傷的，明日將被遺忘。也許您記得哭過，但是記不得哭泣的原因。在生命的旅途中，有多少晚上睜著眼睛躺在床上，虛擲心神及勞力，回想著白天所發生的困擾。我們會一再反覆的回想對他人的恨意，但在另一件更令人氣憤的事發生時，又讓我們回顧究竟一開始是在氣什麼？想想過去的怨恨，我們會很驚訝的發現，是自己刻意的使自己不愉快，事實上，只要使思慮移轉，便可終止這一切的不快。

不管困難有多大，痛苦有多深，時間會治療一切。但在依賴時間之前，爲了不讓自己受到傷害，有些事是可以做的。我們須常保心中平靜，不讓煩惱虛耗我們的精力，畢竟快樂要靠自己來創造。

我們無須親身經歷，就可得到知識。以知識作爲憑藉，很多年輕人以爲可以克服世上所有的問題。然而科學解決得了物質的麻煩，卻解決不了精神的困擾。沒有人能取代經驗萬物的智者，想想這句話：「十八歲時，我自忖父親愚不可及；現在我二十八歲了，我非常驚訝的發現他在十年間學到這麼多東西！」這不是父親的成長，而是您學會以成熟的眼光看待事情。

第三章　我們爲何受苦

痛苦的原因不外乎源於自私貪婪的慾求，以及事物無法與我們的精力和環境的改變相配合。

——釋尊

沒有比釋尊更透徹地體驗到人類的痛苦了。讓我們深入去了解釋尊的一生，以及他如何參透人世痛苦的原因與解決之道。

釋尊未出家前貴爲一個王子，擁有富麗堂皇、終身備受呵護的宮廷生活，他不愁苦，只有安逸和奢華，終日有美麗的女僕服侍，宮中的樂師、誘人的舞者忙於取悅他，擁有任何一個正常人所能享受的極限，但他身爲王子，生活仍感到空虛。

有一天，釋尊到宮外遊玩時，看到四種景象，或許這對其他人而言不過是普通的現象罷了，但卻帶給他很大的衝擊——他分別遇到一個老人、一位病人、一個死人及一個化緣的僧侶。他對這四種現象印象深刻，因爲這是他生平第一次見到的景象，他悟出生命原是由苦難堆砌而成的。前三種景象提醒他老年、病痛及最終的死亡是人世間不可避

免的宿命，他也不例外。

但是僧侶的出現，讓他重新喚起希望，給予他靈感和勇氣來放棄王位及世間所有的享樂，去尋找眞理，以拯救在痛苦深淵中的生靈。

一天晚上，釋尊決定放棄物質享受，去探索宇宙間人類生存意義的解答，他悄然離開皇宮，身上只穿著一件單袍，整整六年之久，他四處飄泊，不知道自己要去哪裡及在哪兒歇腳。他沒有同伴，除了路人施捨的食物之外，沒吃過一頓正餐，像乞丐般，他手持破碗進食。過慣了奢華生活的他，在第一眼看到窮人施捨給他的粗劣雜菜時，差點忍不住甩掉，但他忍受一切——粗食、熾陽、豪雨及在溼冷的森林中渡夜——赤足跋山涉水，爲眞理不斷的訪求老師。

最後，終於讓他在菩提樹下悟出眞理。在此過程中，他分享貧苦大眾的人生經驗，領悟到貪慾來自於奢華的生活，更破解了藉苦行來磨練心智以獲得智慧和解脫的迷思，他差點死於刻苦的自我磨練，但事實證明，苦行對悟道並無絲毫助益，他也曾試著與最好的老師學習，但卻得不到他想要的解答，最後他體驗出必須靠自己去尋求眞理，他放棄對自我折磨，並採取「中庸之道」，避開極度的奢華或自我虐待。本著堅忍不拔的毅力和決心，藉自制的工夫而成爲萬世景仰的釋尊。

釋尊發現痛苦來自各種慾望，要擺脫痛苦，必須遵循八正道的方法。在徹底領悟生命的本質後，釋尊奉獻一生，教導那些願意聽他述說眞理及有所了解的人。

生命的本質

釋尊正視痛苦與快樂的本質，這不是未修行的心可以看見的。大部份的人不願面對生命的眞實面貌，往往藉由白日夢或幻想，以獲得虛假的安全感。很多人從來看不見、不明瞭，甚至不在乎去尋找生命的眞相，反而比較喜歡生活在平凡乏味的世界裡。

假如我們檢討一下人性，很明顯的可以發現到人性充滿缺陷，每個生物，不管是人或其他生物，均爲永無止盡的生存之戰而掙扎，雖有短暫的快樂，但同時也伴隨病痛的侵襲、年老及死亡。

德國偉大的詩人、戲劇家兼哲學家歌德曾說過：「假如讓他算算這一生中快樂的日子的話，加起來不到兩個星期。」

不管我們如何巧妙的安排、組織社會、協調人際關係，只要世界存在，即使是最好的人，還是難逃苦難；即使我們擁有財富，避免生活的刺激，卻也躲不過死亡，我們的肉體終將分解。必死的命運是人世上不變的法則，生存的終結是死亡，這個念頭對無知的人而言，是難以容忍的，他們沉於享樂，並誤認為生命是永恆的。

拒絕認清眞相，接受生命（如年老、死亡）的眞理，到頭來人必定吃足苦頭。唯有念及死亡的必然，以及保持正直不阿的心態，必定能夠賦予人勇氣，去過有意義的生活，並在悲傷或面臨死亡的剎那間保持鎭定。

貪慾像影子般跟隨人的一生。在嬰孩時期，就必須承擔責任；在成年時期，更在養家活口的重責中掙扎，而晚年的生活又充滿病痛、虛弱、依賴、孤獨、受苦乃至死亡，這就是所有人類的命運。

當一個過客面對千變萬化的世界，期待安全感或追尋永恆的快樂是極其愚蠢的。人爲了一絲快樂而努力工作，忍受苦楚。但如果人想獲得永久的快樂，就必須放棄易逝的享樂；若人要結束痛苦，須將私心連根拔除，並學習惜福。

了解生命的真實

沒有學佛的人，無法參透生活即是痛苦的眞正含意；想想，地球上的生物不是捕食獵物，便是遭其他動物捕食，甚至草食性動物亦生活在恐懼當中，因爲他們是其他動物及人類的犧牲品，沒有人可以從生存的戰役中逃脫，因而生存一定會帶來對痛苦、死亡的恐懼及生活的不確定感，釋尊一生的轉捩點，在他還是個王子時出現。有天，他看到一隻青蛙被蛇吞了，然後一隻老鷹猛撲帶走蛙和蛇。釋尊對此感觸良深，所有生物均是可憐的，因爲所有的生物總要掙扎躲過自己的剋星，同時，他們又爲求生存而捕食他物。這實在令人費解，爲何偉大而憐憫的神創造這些無辜的生命，目的在使他們受苦？何以造物主讓眾生不斷的生活在捕食的恐懼中？

在充滿貪慾的世界中，釋尊義無反顧的爲無常的世界提供穩定的保證。一些不明瞭的人因而稱呼他爲悲觀主義者，他們像在沙灘上築城堡的小孩，認爲隨著潮汐來往，城堡必毀壞的預言是悲觀主義者。但是在塵世的不定中，釋尊賜予我們比安定還要好的東西。他提出追求最終穩定的方法——涅槃，永恆的平靜及無虞。

根據佛教的觀點，世事本是無常。人之所以不滿足，是由於不了解世界的無常。很多人甚至無法領悟這個道理，即使知道，也不習慣運用於日常生活中。由於無知，我們責怪政府、不滿社會，或厭惡除了自己以外的每個人。對於身爲文明人而言，實在應該爲我們的自大與無知負責。阻撓我們悟道的障礙是私心、驕傲、仇恨及無知。就是這些污穢的心態，妨礙我們尋找眞理。

通常我們不喜歡眞相，因爲事實總是令人不悅或無法滿足慾望。沒有比「展現自己

的真實面」（莎士比亞的《哈姆雷特》）這句話更重要、更深含意義了。換句話說，便是忠於自己的良心。不管我們是否接受「慾望導致悲傷」的道理，都不會也不能改變宇宙萬物的基本原則。我們應該能夠分辨對錯間的不同，但由於無知和愚蠢，我們時常給自己找上千百個理由，表示察覺不到個中差異。以我們的智慧，我們可以爲自己的行爲找上各種的理由，但追究其根本，我們最好還是承認對就是對，錯就是錯，應該如同一個外科大夫般，找出擴散的癌細胞，予以切除。手術是很痛苦的，但是一旦癌細胞切除後，擁有健康的希望又將令人雀躍萬分。

稍縱即逝的快樂

生命的不完整，是因爲生命無法永恆，法國哲學家亨利貝格森說：「生活是為了改變，改變是為了成熟，成熟是為了不斷創造自我。」所以，那些痛苦頹喪的人應該尋求光明及依靠，而不是把快樂的希望建築在宛如河口流沙的生命中。

當一個人擁有快樂的生活時，都會希望時間能停止流逝，然而，時間不斷的流逝，卻是我們生活上的一個特質。在不斷起伏的時間中，我們隨著生、老、病、死載沈載浮。

釋尊說：「生命是無常的，但死亡卻是必然。」

短暫的生命向每個人大招其手，年輕人終究會衰老、健壯的身體會受病魔侵襲、精力將會耗盡、美麗會變成醜陋，所有的生命也會步上死亡，無人可阻擋這個過程。死亡尾隨生命而來就有如夜晚緊跟著白晝般，不論貧富、老幼都一樣，然而，人很健忘，以爲生命是不朽的。

如果細看人生，會發現生命的變動與起伏頻繁：乍起乍落、成敗得失、鼓勵嘲諷、讚美責難。我們內心情緒的反應隨之快樂悲傷、歡愉沮喪、滿足失望、期盼恐懼。

這些情緒把人送到極樂境界，但不久又推入萬丈深淵。還尚未歇息，旋即又推向另一峰潮，我們怎能奢求永駐高峰頂點呢？然而，在一波又一波的生命浪潮中，心中有一座平靜的島嶼，能夠保護我們，不受風浪侵襲，這片心田是歷經挫折後的智慧結晶，能夠提供我們安寧與平靜的力量。

生命之幻象

即使是快樂，也是建築在貪慾之上。在我們修行的路途上，不管喜歡與否，都要認清這一點。乍聽之下，似乎會令人不快，但是如果因而放棄，那麼距求眞理之路則將遙不可及，而且會受幻想所矇騙。

因爲世界偶爾也有美好的一面，所以要相信這一點並非易事，但環顧四周，即使在春天這般璀燦的景色下，還是有許多人死亡，而且更多的人遭受不治之症的折磨，事實上，我們會經歷各種不同形式的失望、挫折、恐懼與痛苦。隨著年歲的增長、經驗的累積，如果不故意矇閉自己的眼睛，我們對世界的看法會逐漸開闊，如再深入看生命的內涵，會發現我們可以自他人的生活領悟生命的無常，一個喜劇的結局，有可能是另一個悲劇的開始，細微的失誤可能會毀了人的一生。

因此，生命是無常的，這項體驗多少安慰了人們追尋的心靈。

世界運轉不息
從新生到衰萎
如水中的泡沫
晶瑩、破滅而後消失

——雪萊

西藏佛教徒兼瑜伽大師、詩人密勒日巴闡明了以下簡單、易理解的生命之圖：

年輕像夏日之花朵，很快就凋謝了。
老年如火勢蔓延至田疇，
突然就來到你跟前，
釋尊說過：「生與死就像日出日落，
來得快，去得也快。」

病痛有如一隻被彈弓打傷的鳥，
知否？健康和精力總有一天離你而去，
死亡則像一盞枯竭的油燈（在最後的閃動後熄滅）。
這個世界是短暫的；
我保證沒有一件事是不變的，
作弄的命運如同瀑布，
從不會往上傾洩。

一個罪犯有如一棵有毒的樹——
一旦靠近它，便會受傷，
一個罪人如同凍傷的豌豆——
也像腐敗的肥肉，會毀了一鍋的食物。
佛法的修行者就如同農夫在田裡耕種。

命運法則就像輪迴——
不論是誰亂了它的秩序，都將損失慘重。
輪迴有如一根肉上的毒刺——
假如沒有拔掉，毒性便會蔓延全身。

即將來臨的死亡，
有如黃昏時樹木的影子——
飛快消逝，令人阻擋不及。

當此刻來臨時，除了神聖的佛法之外，
誰也阻止不了。

雖然佛法是勝利的泉源。
但畢竟受其鼓舞的人還是少數。
許多人都糾結在輪迴的悲劇裡，
在注定的不幸中，
與盜賊互爭利益。
年輕健壯時，
總不曾想到會生病，
但病痛往往來得如閃電般急速。

當生活在塵世糾紛之中，
總想不到死亡的降臨，
但它也如雷電般急遽地劈在人頭上。

病、老、死如同手口，
彼此相互交錯，
難道你不怕以往所經歷過的悲苦嗎？
假如再有不幸，痛苦必將更深一層。
生活上的災難接連不斷，
如海上的浪潮般波濤洶湧——
一波未平一波又起。
直到自己自其中解放，
痛苦和快樂才能隨意來去，
像街上偶遇的路人般。

快樂有如做日光浴，
總隨著人轉移；
短暫的人、事、物有如暴風雪，

來時總不會好意的示警。
思及這些，
為何還不跟隨佛法呢？

——《密勒日巴之歌》

我們能滿足慾望嗎？

在今日遭貪欲、仇恨、懷疑及恐懼支配的所謂先進社會中，愈來愈多的人感到孤寂、挫折、嫉妒及充斥著敵意，無法認清生命的意義是一點也不稀奇了。現代的青年更從犯罪到吸毒，在在顯示出對生命的迷惘。

人類的敵人是私心，所有的罪惡緣此而生。人總是渴求快樂與財富，以爲快樂是建立在慾望的滿足上。這種想法在物質主義的社會更爲風行，當無害的慾求帶來某種程度的快樂時，不應該以爲感官的滿足是最大享受，或是快樂的唯一泉源。抱持這種想法的人所過的生活是空虛縹緲的，如同追逐彩虹式的生活，顯然不切實際。

有些事物帶給人快樂，不想讓它輕易溜走；有些事物則給人痛苦，令人避之唯恐不及。除非我們能控制自己的慾望及厭惡感，否則，禍端總是接踵而至。慾望和反感彼此牽連，一會兒行爲是反感所驅使，一會兒又是慾望所致。

當饑餓或口渴時，我們會感到不適，因此，慾望使人想平息這不適感，可以說我們所有的慾望皆起源於此，由於不適感或空虛感的趨使，然後便開始去尋找自認爲可以抑制痛苦的妙方。倘若沒找著，空虛與不適便持續下去；倘若找到了，慾望或饑餓得到滿足後，過一會兒便消失不復存在，當期待的快樂消失後，我們會感到遭受欺騙與失望，因爲結果永遠無法與期待相符。新的慾望於焉產生，而塵世的生活便建立在不斷追尋慾望的滿足中。

有人花一輩子的時間搜集物質的東西，卻永遠不滿足，反而身陷於無窮的慾望中，尋求不著自己要的東西就失望不已。但即使好不容易尋獲所需，也一樣無法歡欣，因爲所尋覓的物品不如想像中的美好，他們的慾望與期待無法圓滿達成，獲得的事物也感到不滿意，總以爲「草是鄰家的綠」，這樣的人是永遠不會快樂的。擁有愈多，慾望就愈大。有人說，人的需求如食物、房屋及衣服是可以得到滿足的，但卻常常滿足不了人的慾望。

肉體上的滿足不是真正的快樂

很多人以為有錢能使鬼推磨，事實上，錢在現代社會為求生活舒適或許有用，但並不能解決所有的問題，反而更製造出問題來，所以，我們應該珍惜所擁有的一切。當我們了解事物眞正的內涵，而減低對感官的需求時，便會自平凡與知足中得到心靈的平靜。

為滿足希望或怨恨，人常常給自己或他人製造麻煩：國家之間發動戰爭，冀求打倒對方，霸佔領土，各國的歷史便由災難與戰爭佔盡整個篇幅。但是，人活在現世中很難認清自己，在嚐盡百苦、面對多少危險後，尚不能覺醒，面對現實。就像駱駝喜歡吃有刺的灌木般，吞食愈多的刺，就湧出愈多鮮血，但仍舊不肯放棄，繼續埋頭猛吃。事實上，所有現世的歡樂就像吃熱馬鈴薯般，總是令人容易受傷。

釋尊認為，所有的悲苦乃源自於錯誤的索求：更多的錢好放縱一番、更多的權勢以凌駕人、尋求長生不老之道等。這些慾望使人對生活不滿，並只顧及自己的需求而忽略他人的利益。如果這些人沒有得到滿足，便益發地不滿，然而在得到自己所求之時，又因為害怕失去所得，仍然感到不滿與失望。

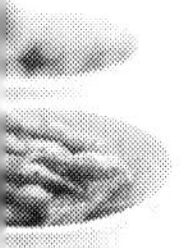

因此，所有心靈上的痛苦皆是來自於肉體的渴望逸樂。我們時常僞裝自己，不以眞實面貌示人，渴望擁有自己所缺乏的東西或摒棄不想要的物品。因此無庸置疑的，無法讓人享受眞正快樂的罪魁禍首就是慾望。

恐懼，是由於我們想要避免不愉快的經驗；貪婪，是因爲我們想要擁有；嫉妒，是希望他人不要擁有我們所缺乏的事物；悲傷，是盼望重獲人或物，這些負面的情緒皆是由於慾望造成的，並束縛我們，所以，唯一的辦法只有擺脫肇因的慾望了。也許不易做到，但也非天方夜譚，克服之後，隨之而來的將是平靜與滿足。

釋尊曾說過：「天上人間的喜樂，比不上慾求消失的歡愉。」

以下的文字亦值得我們深思：

遺憾使一個人負擔沈重，
而快樂是把擔子卸下來；
當人把擔子除卻後，
將不會再成為他人的負擔。

痛苦是生存所付的代價，而痛苦的產生是因慾求而來。爲了滿足慾望，我們會做出一些事情而種下因果的種子，在今生或來世，我們的行爲會帶來回報，換句話說，自私的慾望會在輪迴中顯現出來。由於我們以往的行爲摻雜其他因素，才呈現今日所經歷的快樂或悲傷。

觀照自己

有人一生不斷學習，從經驗中累積智慧，而了解到要求愈多、痛苦益甚，要消弭痛苦不是仰望上帝，而是從自己身上尋求解決之道。

無論如何，一個只具有凡心的人，總會遭受太多身心的悲苦。少壯時想讓日子塡滿歡笑，但尚未嚐到，即早已邁入老年，臨老時，雖苦惱身體無法享受快樂，但心靈對慾望的追求仍不減年輕時代，這些人的慾望隨著年歲而增長，愈老慾望愈強烈，當然痛苦也就相對愈大了。

不能控制慾望歸因於一個人的驕傲。在驕矜的外表下，人時常作惡多端而無法認清事實，我們應該避免在保有健康、擁有美好生活的年輕時期堅持驕傲。

有些人看不清自己，傲視群倫，過於自滿，因而有此高傲的想法，這可能極度危

險，因為驕傲是失敗的前身。

牛糞上驕傲的甲蟲：從前有一隻甲蟲飛到牛糞上，非常喜愛這個地方，便邀其他同伴一同在糞上建立牠們的小城市。在辛勞的工作數天後，終於在糞堆上建造了一座城市，甲蟲們對自己的成就感到相當得意，決定推選第一隻甲蟲當國王。為了榮耀國王，其他甲蟲在城中舉行盛大的閱兵大典。正當遊行進行到一半時，有一隻大象碰巧經過，看見一堆牛糞，便舉起腳以免踩到。然而，國王看到大象卻很生氣的咆哮著：「喂！難道你對本王一點尊敬也沒有嗎？難道你不知道把腳抬在我的頭上是很無禮的嗎？立刻道歉，否則我就要判你罪了。」那大象低頭一看，道：「吾皇陛下，請原諒小民之罪……」說著便跪下，摧毀了國王、城市、市民與驕傲。

釋尊看到人生四象，克服三種驕傲：看到老人，丟開身為年輕人的驕傲。看到生病的人，拋開健康者的驕傲。看到去世的人，掙脫生者的驕傲。倘若能擺脫這些驕傲，當自己經歷這些人生過程時，就不會驚恐和沮喪了，想想以下的話：

我易老；我沒有戰勝老年。
我易生病；我沒有趕走病痛。
我是易於死亡的；我沒有掙脫死亡。
人世的改變與分離都與我很親近。
我是自己行為之結果；無論我種了什麼因，
是好是壞都是自己造成的果。

在現在社會，年輕是最大的本錢。人會花大量的錢企圖保有年輕，因此，有人即使年紀再大，也要到處掩飾，甚至隱瞞自己的年齡。

年輕女性的年齡：有一位女電影明星，被警察逮到酒後駕車，警察問她的年齡，她回答「三十歲」。

過了幾年後，這位電影明星因類似罪狀上法庭，同樣也謊稱自己的年齡是「三十歲」。依舊認得她的檢查官問：「怎麼可能呢？五年前你說你三十歲，怎麼現在妳還是三十歲？」這位已過氣的明星爲了壓過他的氣勢，眨眨她的假睫毛說：「閣下，我已經

被提醒過好幾次：在法庭前不能更改證詞，所以我已經告訴過你我三十歲了，這次也決不會改變的。」

既然每個人都想活得快樂，而且不必如上述的電影明星一樣對自己的年齡撒謊，「自知」乃是最重要的條件。第一步要知道心的本質，藉由心智發展及沈思來駕馭心性。心靈的修養可培養人的洞察力，宛如火炬照明生命中蜿蜒的小徑，並使人從惡劣中分辨出至善，從錯誤中尋出正確之途。使內心的想法豁然開朗，因此，沈思冥想也有潔淨心靈的功效。

我們冥想時，要愼防幻想，尤其是心靈方面的幻想。即使是有經驗的冥想者，倘若不小心，也常誤入歧途。

一個冥想家的幻想：曾有個僧侶端坐冥想，欲達到至高境界，在心靈全神貫注狀態下，他可以使自己的心靈創造出肉眼可見的具體幻想。因此，他認爲自己已臻於完美，修持達到阿羅漢的地位。

他有個學生的修行也是十分崇高，而且境界已經達到阿羅漢的果位，當他達到這個清事實。

境界時，便了解老師由於自我矇蔽，無法達到阿羅漢的果位，但問題在於如何讓老師認

有一天，他跑到老師那兒，並問老師是不是個阿羅漢？

「當然是啊！」老師回答著：「爲了證明給你看，我可以創造出任何你心中所想的東西。」

「那麼，變隻大象吧！」學生說。一隻大象立刻呈現眼前。

「讓牠攻擊你吧！」學生又說。老師便讓大象攻擊自己，就在大象要開始襲擊時，老師見狀拔腿就跑。

「嘿！等等，假如你是個阿羅漢，」學生說：「應該不會懼怕，怎麼你跑開了呢？」之後，老師便了解自己並未達到阿羅漢的境界。

人的肉體最多也活不過一個世紀，且經歷世事的瞬息萬變。人的感情是感覺和想像的匯集；人的心智乃是思想之河。我們的人格隨著時間而改變，在肉體與心靈龐雜的交互中，沒有一個永久的實體是可視爲不變的。

假設有個坑洞約一百呎深，且底下擺了些點燃的木炭，之後，放個梯子，然後叫人

一個接一個爬下去，那些人一開始並無怨言，直到三十呎至四十呎深時，才開始抱怨，在四十至五十呎深時，感到一股熱氣，當走到七十呎或八十呎更接近火源時，他們體驗到強烈的赤熱感。同理，雖然釋尊說人生是痛苦的，但年輕朋友從沒吃過苦，可能無法體會，然而，對於解釋「倘若經歷更多，便更能看清痛苦」的此項事實，這實不失為一個好例子。

我們必須承認，在生活中為求方便，我們仍用傳統的字眼，如「我自己」或「你自己」，這如同我們常說太陽自東方升起一樣，事實上，我們是指地球繞著太陽自轉而言。

第四章　精神虐待及健康的心靈

做好事也許不難；困難的是要心地善良。但保持一個良好的態度，且在他人控訴、批評、阻礙之下，還能為人服務，又屬其中最難的了。

英文中「人」這個字，源自梵文，意即「心智」。人不只有肉體也有心靈，因爲具備心智，人就能夠思考，這是心智的特殊功能。藉由心智而非肉體，人能夠被人所了解、欣賞及追隨。倘若一個人不以心靈去理性的思考、慈悲的待人，那麼，他就不配爲人。

人出生到世上是來做些善事，而不是虛度光陰、無所事事、對社會造成負擔的。應該不斷的要求自己變得更有智慧，否則便辜負了上天所賦予我們的獨特能力。

在宇宙無數的生物中，人類努力攀上山的最高點，並掙扎著朝向完美存在的最高峰而行。我們目前已十分接近山頂了，再一、兩步就可以到達，即使無法走完達到頂點，我們人生的道路是正確、安全的，不至於有跌落回低等動物的危險。最後一步通常是相當困難的，然而，秉持著堅忍的毅力及決心，我們可以確信自己達到永不後悔的境地。

因此，目前最急迫的事，是要確定我們不會跌落至更低的生物形態中，爲了這個目標，必須試著明瞭生命的過程，並領會每個人都是自己生涯的掌舵者。本著佛法指示的藍圖，領導自己的生命，不致降至低等的生存形態。

生活在現代社會中

生命在大部份人的眼中是怎麼樣的呢？只是一個重覆單調的生活吧！有二十五年，他們工作爲求生計；另外二十五年，掙扎於無盡的渴望中，以求累積更多的財富；而再另外的二十五年，慢慢步向死亡，甚至完全不知自己的生命因何而活的意義。

很多人爲了謀生，無暇享受生命，想保持自己光鮮的外表，卻忽略了內在的修養。遭感官所矇騙，以假爲眞。每天辛勤工作，甚至打落牙齒和血吞，爲求財富、權勢及地位，以爲假如抓緊這些生命中的報酬，便可以「成功」了。在此，有位作家想告訴我們人是如何過一生的：

我們活著、工作、夢想，
每個人皆擁有自己的生活方式，

有時歡笑，
有時悲傷，
日子因此消逝。

可以說，面對現代生活最大的弊端，就是有太多的行動。行動，再行動，直到進入墳墓劃上句點爲止。很少人能花五分鐘在靜謐中好好鬆弛自己。

今天，人能以兩倍音波的速度搭超音速飛機旅行。在陸地上，也能以令人難以置信的速度，搭乘所謂的「子彈列車」旅行，或乘氣墊船呼嘯海面。在這些人類活動中，目的在以更短的時間從事更多的活動。他來去匆匆，因爲生活在現代社會中不得不然——匆匆忙忙吃飯，解決一餐之後又加入每天的競爭中。跳上床，輾轉難眠到夜半，當正要入睡時，鬧鐘卻響了，又得起床開始另一天的生活。現代人已經把身心摧殘得體無完膚了。人的神經狀態是禁不起這種的生活步調，所以崩潰是遲早的事。大自然從來不趕場，我們應該也是一樣的。

現代人往往工作過於忙碌，以至在睡夢中也會說夢話或夢遊。現代人生活的步調宛如他們所製造出來的機器般，頻頻發出怒吼。緊張精力的消耗、精神泉源的浪費在在侵

蝕人的身心。

人似乎陷入各式各樣的想法、觀點及意識的困境中，這個現象發人省思，大眾傳播如電視、電影、報章雜誌等，改變人的思考方法、慾望和生活型態；人類的性慾遭媒體徹底的利用，遊說人們買些不需要的東西。音樂、舞蹈及其他形式的娛樂，提供現代人休閒活動，但現在已經被如吸毒般的感官刺激所取代，因而導致心靈浮躁不安，甚至引發人們原始的獸性，最後，人們變得困惑，捨正道而不為，而走上放縱、荒淫之途。

生活如戰場

世界本身宛如一個大戰場。每個地方都有打鬥、暴動及血腥事件。生存充滿著不斷的掙扎：無論是分子之間、原子之間、電子之間，以至男人之間、女人之間、人與動物、精神自然之間衝突頻仍，乃至於人的軀體都充滿變遷與掙扎。

猶如世界般，心靈本身也是烽火連天的，每一個小小的事件都影響到心靈的平衡。當小孩出生時，父母的心靈極度歡喜，而小孩生病或出了意外、得了不治之症時，又變得難過著急、鬱鬱寡歡。心在極喜、極悲中游走，因為一顆沒有修行的心看不見生命的眞正本質。因此，世人常會感受痛苦、恐懼與不安定感，在不斷的變遷中，情緒很少得到滿足。但是在另一方面，一個用冥想修養內心以及可以看清事物本質的人，他的心靈不會附屬於這世俗世界，也不受其束縛。因此，他便可以從痛苦及世界的不完美中掙脫開來。

生命像一個永恆的戰場，分別有兩條防線防禦我們，一個是外在的，一個是內在的，而所謂外在的防線是知性及理性。假如第一條防線彈盡援絕，人會退到第二條防線：內心感情與思考，並重新奮戰。當第二防線也失去了，他會先退出療傷一陣子，為的只是哪一天能再出軍作戰。然而，如果人完全的退縮，躲在自己的殼內，生活在氣憤、挫折、慾望和幻想中，經過長時間的輕消慢蝕，那健全的心智一定深受影響。

一個無法駕馭的心靈，會被下述不健全的思想所左右：如私心、貪婪、世俗的名望、所得及財富。假如沒有時時檢視這些貪心、私慾，心靈會導向罪惡的淵藪，把人轉變成邪魔妖鬼，殺害摧毀阻礙他們的人。

由於高度的物質享受和生活舒適，現代人早已忘了自然之音，只想從生命中攫取更多的東西，精神及體力因此均告崩潰而雙雙瓦解。人被迫相信「成功」意味著有能力做任何事，而且要做最好的。當然，這在體力上是不可能的，此外，他全神專注在未來的快樂上，以至忽略傾聽生理的需求及珍惜眼前重要的東西。所以，無法分辨孰輕孰重，

也是我們挫折、憂慮、恐懼及缺乏安全感的原因之一。

因此，結果會如何呢？這些焦慮及壓力便會造成心理障礙及困擾，即是眾所皆知的「情緒殺手」。這些負面的情緒如恐懼、憂慮、不安、嫉妒心等等，不只使當事人受苦，也連累了周遭的人。

在許多已開發國家裡發現，每十人中約有兩個人正受精神異常之苦，因而患有精神疾病或其他病狀，需要接受精神科醫師的治療。愈來愈多的醫院和機構，因精神上的各種疾病患者而設立，還有更多極需治療、卻沒有接受治療的人。社會犯罪率的增加也與精神疾病有關，數字已達到令人警惕的地步了。其中一個由佛洛依德研究出來的結果是：強迫性罪犯及青少年犯罪是一種精神上的疾病，這些人需要的是體諒與治療，而非懲罰。我們應該採取社會改革與健全的方式，而非一味的報復。

有些精神治療上的技巧，可以用來醫治那些心理不平衡的人，首先需將塵封已久的心理問題重新浮現。精神病醫師鼓勵患者多談，並吐露出那些刻意掩飾下深藏已久的想法，有些問題甚至患者自己都未曾察覺。精神病醫師不會告訴患者該做些什麼，而是讓他們發覺自己錯誤的看法，產生自覺。因此，一個有技巧的心理醫師，會誘使每個患者吐露出造成病因的祕密，每個實例都是患者本身的體驗。這種表露問題的做法，會給患者產生洞察力，使其了解問題的本質，以及解決的方式。

這種做法類似釋尊「自助」的方法，主旨在使人了解生命的本質，與人自己的眞實面貌和問題。依著循序漸進的方式，我們將會領悟到世上最大的問題，在於自己的渴望和無知。同時，應該修養身心，以減少心靈污染，並將問題連根拔除。藉此，能夠讓我們體驗心靈的成長，並從世間事物及苦痛中解放。

步向精神健康之道

我們應該對具有破壞性的精神力量及情緒時時檢視，並減少到能夠處理的程度。其中，鬆懈是必要的，而非奢侈品。我們應篩減所有不必要的活動，然後早早起床，才能有充裕的時間更衣、與家人聊聊天，並養成習慣，從事一些對個人有益的活動，如閱讀、冥想、身心的鬆弛等。

所有的病苦，端視他如何横渡生命中的潮流。沒有人能逆風張著帆漂洋過海；相反的，他必須調帆整舵、順風而行。生命中的潮流總是流向同一方向，從不會更改流動的航線，如同太陽不會改變它的運行般。人須使自己適應生命的波動，以便令周圍環境與自己完全融爲一體。

遵從釋尊所指示的宇宙不變的自然法則（法），遵行這項法則的人，無論是今生或是來世都會活得快樂。運用自己的心智導向正確的道路上，是每一個人的責任。人心應鑿建流向公正、公平、寧靜世界之渠。倘若任心恣意漫遊，將變得膚淺、歪曲與墮落。世上大部份的苦痛，都源自一顆難以控制、扭曲、邪惡的心。倘若人心無法平靜，也就不能與人和平相處。

恨，是一種不健康的態度，它只會增加更多的黑暗面，防礙正確的思考。如果能夠駕馭得了恨，愛就得以解放。能夠扼殺恨，愛就得以展翅翱翔。恨會為我們帶來懊悔，愛則帶來寧靜和平。恨會使人變得無情，愛卻軟化人心。恨阻礙我們行事，愛卻能夠推波助瀾。藉由對愛價值的理解，我們應該連根拔除對世人的恨意。

人往往祈求祥和，然而，只有在人內心的衝突解決後，世上才有和平呈現。欲達成此點，必需要修養人心。或許有人會問：「如何修養呢？」這是個邏輯思考問題，更重要的是：「我們是否想做？」倘若答案很清楚的是「是」，加上承諾，他更可以發展修養內心的技巧了。

修心基本法則：

看而後覺
覺而後想
想而後欲
欲而後動

第二篇

如何克服憂慮

Chapter 02

第五章　抑制怒氣

憤怒的人只張開嘴巴卻閉上眼睛。

從前有位富有的寡婦，在社交圈內以樂善好施聞名，她有一個忠實又勤勞的女僕。有一天，女僕心血來潮，想探究她主人的慈悲憐憫是否發自內心的真誠，或只是上流富有社會外表下的偽裝而已。

有一天早上，女僕近中午才起床，翌晨也故技重施，女主人盛怒下，對女僕施虐並鞭打她，以致傷痕累累。這事傳遍鄰里街坊，富有的寡婦不但聲譽大跌，而且也失去了一名忠僕。

反觀現代社會中亦然，許多人在周遭環境優渥下，就會顯得慈善、謙虛。如果環境驟轉，變的不盡人意，人們就暴露出原始的劣根性。記得有句話是這麼說的：「當周圍的人良善可親，我們也可以溫順有禮，如果周圍的人邪惡異常，我們很快也會變得張牙舞爪。」憤怒是醜陋的，而且是一種具有破壞性的情緒，蟄伏在人心，蓄勢待發，並伺機操縱人的生活。

憤怒可以像吹熄的蠟燭，會暫時蒙蔽人的雙眼，而且令人做事違背常理。因此，無法抑制的怒氣容易成爲傷害身心至深的本源。然而，憤怒如同其他的情緒，是可以控制的。

憤怒的隱憂

有些生物天生構造使然，無法在白晝看見任何東西，有些生物在暗中則不能清楚運用視力。一個充滿忿恨和痛苦的人，則無法認清任何眞相。俗語說：「一個憤怒的人只會破口大罵，卻看不進任何東西。」有人說，當憤怒的人重回理智時，會把怒氣轉移到自己身上，如同銀行的存款可以產生利息般，停滯在心中的怒氣，他日會變成痛苦的根源。

人生氣時是在跟誰嘔些什麼呢？人根本是在跟自己嘔氣，而自己是自己最可怕的敵人，我們必須徹底根絕這個心腹大敵，因爲自己最知道本身的弱點。

憤怒加上情緒的煽動，會燃燒得更爲熾熱，尤其是情緒的背後還有慾望作爲支持。在盛怒的當下，人會失去理智，變成傷人傷己的危險動物。憤怒會使人賠上自己的聲譽、工作、朋友及所愛的人、心情的寧靜、健康，甚至失去自我。

釋尊曾經談及憤怒的破壞力。當一個人生氣時，會有七件事情降臨在他身上，因而造成親者痛、仇者快。這七件事是哪些呢？

一、雖然刻意裝扮，依然醜陋不堪。

二、雖然睡在柔軟舒適的床鋪，依然痛苦纏身。

三、他會誤認善意作惡意，錯把壞人當好人看，並且做事鹵莽、不聽勸告，因而導致痛苦與傷害。

四、他將失去辛苦賺來的錢，甚至誤觸法網。

五、他將失去勤勉工作得來的聲譽及名望。

六、他的朋友、親人將與之形同陌路，不再同他為伍。

七、死後將轉世投胎到畜生道，因為一個任怒氣駕馭的人，在身體、心靈及言語皆顯示不健全，因而造成令人惋惜的結果。

——《阿含經》

以上種種不幸，是敵方希望自己的對手能親自身歷其境的。但這也是憤怒能夠爲人

帶來的後果。

抑制怒氣

控制怒氣的良方，便是不把產生憤怒的原因放在心上，藉著意志力，把心智專注在有益身心的事上，以消除負面的情緒。要對侮辱我們的人表現出平靜的一面是不容易的。雖然身體並沒有受傷，但自我已感到受辱，因此便想反駁攻擊。面對侮辱，要回報以謙恭與尊重的態度是非常困難的表現。然而，人格的挑戰正是端視我們如何處理日常生活中所面臨的考驗，似乎從小我們就喜歡採取報復行動以滿足虛心。

心懷他人淩辱我、鞭笞我、擊潰我、掠奪我的想法的人，將無法澆熄仇恨之火。

——釋迦牟尼佛

是光明而非黑暗，才能驅散黑暗。是仁慈的愛，而非仇恨的心，才能克服恨意。

有些人像刻在石上的字般，易怒並持續了近一世紀般長久。有些人則像寫在沙裡的字般，易怒，但怒氣很快就消弭於無形。有些人則如寫在水中的字一樣，不保留任何已成過往的想法。但最完美的是如寫在風中的字一樣，讓侮辱與難以入耳的批評在無意中擦身而過，他們的心中永遠都是純淨而安寧，呈現出光可鑑人的一面。

縱使對他人不平的待遇感到氣憤不已，仍應抑制怒氣。因爲我們處在受擾的心靈狀態中，心志無法維持在正確的路線上。當憤怒時，必須警覺自己的怒氣，冷眼觀察我們的憤怒，當作一種心理狀態，不要接近導致憤怒的事物。生氣時，應該訓練自己觀照、分析自己的感覺，藉由不斷的自我分析，將使人更有自信控制自己，且不至於做出愚不可及、毫無理智的事情。釋尊的箴言是：

所謂好，是在行為上有所約束；
所謂好，是在言談中有所節制；
所謂好，是在心中保持分寸；
所謂好，是在任何事上皆得宜。
至高人品的人，會在各方面克己自勵，
因此能夠從悲苦中釋放。

不是所有的人都會採取同樣的態度來抑制怒氣。其中一個頗具效果的方法，便是施行「時間延宕法」。湯瑪士．傑佛遜為這個策略下了結論：「生氣時，在開口前數十下；如果憤怒異常，那就數到一百吧！」

有個口訣可以更有效的控制自己的脾氣，每天可以在心裡對自己多唸幾次：

我可以抑制自己的怒氣，
我可以緩和自己的暴躁，
我可以常保冷靜諧和之心，
我可以如岩石般屹立不搖，
我對自己有信心並充滿希望。

藉著重覆這些話，我們可以增強信心及換取心靈上的平靜，即使是面對冷酷無情的人，也可以牢記釋尊所言：「倘若有人愚蠢的戕害我，我會還以無限的愛；愈是惡意的對待我，我愈是以謙沖的態度相待；我會因而得到善果，而他卻落得惡名昭彰。」

一個邪惡的人侮辱一個德性崇高的人，猶如一個人抬頭向天吐口水般；唾液不僅沒有污損了天，反而弄髒了自己。毀謗者宛如向人撒沙土的人一樣；逆風時，塵土將吹向撒土者的身上，因而反受其害。一個品德高尚的人不會受到迫害；不幸反會纏繞著毀謗的人。

睿智之人從不向愚蠢之人挑戰：有隻野豬，曾下定決心想當森林之王，於是從休息的糞堆中挺立起來，跑到獅子的地盤上，想與森林之王挑戰。當然，獅子只是嗅嗅這隻臭氣沖天的動物，不予理會便自行走開了，甚至連裂嘴怒吼的程序都免了。這則故事在說明：當聰明人被心智愚蠢的人挑戰時，有德性的人不應在他們身上浪費時間。

釋尊對於駕馭憤怒也給世人一些指引，假如能夠遵從，必能有所裨益：

仔細回想釋尊對我們的開示，藉此理解憤怒的危險及對思想造成的傷害。回想我們所恨的人的一些優點，倘若我們將他拙劣的人格弱點視而不見，並開始念及他的本質善良及曾做過的好事，如此怒氣可能會緩和下來，心中更會充滿慈愛。

牢記因果報應，今日種的因，明日則變成果，萬物都是如此的。明瞭這個法則，便不容易對他人動怒，相反的，還可培養慈悲為懷的心，而他人則必須面對自己劣行下所種植的惡果。

對所有的人、事、物均散播一份慈愛。常保關愛及慈悲心的人，會得到更多的恩賜。

對於錯怪或傷害自己的人，我們的思想不要被仇恨所矇蔽，心懷怒氣對自己比對他人所造成的傷害，將有過之而無不及。因此，即使活在仇恨的環境中，也要努力經營一個充滿歡樂與愛的生活。

第六章　自私的隱憂

私心戕害一個人的人格及心靈成長。

一個以自我為中心且自私的人，只為自己而活。他不懂如何去愛或學習尊重別人；為芝麻蒜皮小事斤斤計較，生活變成永無休止的痛苦，時常疑心他人是自己的勁敵，並嫉妒別人的成就與功業，此外，他貪圖他人的財產，無法忍受別人的快樂。最後，把自己的思想導向歧路，成為社會上的危險人物。

且不管是貧是富，自私的人永遠受貪慾所支配，不會饜足，對自己所擁有的從不知足。聖雄甘地曾說過：「這個世界可以滿足每個人的需要，卻無法填滿每個人的貪念。」如果一個人是富裕的，他會擔憂房子、田地及所有的財產。並且想盡辦法要賺更多的錢，不願意讓任何屬於自己的東西與他人分享，即使是個十分合理的理由也不肯。他隨時要擔心被搶、被綁架或被欺騙，成天煩惱自己的事業及員工的誠信度，煩惱死期及遺產會被他人如何瓜分。而在另一方面，倘若這個人很窮，他會一直追求財富，當他無法用正當方法及辛勤工作獲得財富時，他會藉助旁門左道，以滿足自己的慾求。

私心乃源自錯誤的觀念及無法看清生命的眞相，源自渴望以及自我膨脹。私心是個十分具有破壞力的力量，若沒有採取預防及正確的措施，以減少負面的情緒，可以導致源源不斷的苦難與悲愁。有誰曾細細思量威廉．格萊斯的話呢：

私心乃人類最大的詛咒。

思想是一種力量，自私更是一種強勁的負面力量，會招致不良的影響。這與一般的道德法則相符：思想的因，導致行爲的果。痛苦及災難乃源自邪惡的念頭，而快樂便源自良善的思想。

我們受思想操縱，長久的恨意或心中懷著仇怒，會將人撕成碎片。強烈的恨意宛如細菌般導致身體不適，並引來疾病。假使人不幸有個敵人，讓憎恨深入心中，仇恨變成永無止盡，便是對自己所做最最殘忍的事了。

培養愛與同情的必要性

處於困境中的天地萬物均與災難爲伍，一般人的心中有醜陋的一面，但是很幸運的，我們也有善良的美德等待被挖掘。至於是選擇德行抑或與罪惡爲伍就靠自己了。一顆同情他人疾苦的心是需要經營的。唯有克服私心、修養良好品德、善解人意及慈悲心，才可以帶來幸福美滿的生活。不該指責他人，挑剔他人的弱點和錯誤，而忽略了此人的貢獻及善良的本質。

在《法句經》中，釋尊說過：「世上的仇恨，不是用仇恨來平息，而是用愛。此乃不變的原則。」耶穌也曾教過人自然法則：「人應善待那些恨他的人。」

善行是引領人走向本性中良好的一面，惡行則會招致破壞的後果，活在憎恨中的人終會死於恨意中，猶如靠劍生存的人，終將喪命於劍下一般。每個邪惡的思想，如同自己拔劍指向自己，只要能領會這事實，就不該怕自己會產生邪念及自私的想法了。

宗教的眞理是：邪惡只能靠正面力量來克服。愛及同情心是化解仇恨的解毒劑，友好則是憤怒的矯正器。正面力量的存在，暗示負面力量的消失，愛及同情心、友好親善的態度是我們最珍貴的財富。

沒有什麼外在的力量，能像內心的想法（心識）一樣影響我們。「一個人的思想造就他的行爲」，此乃確切的事實。

自我超越，確實遠比征服其他敵人要來的困難；即使是神祇、靈魂或梵天（印度神話，一切眾生之父），均無法使自我壓抑的人自束縛中釋放。

——《法句經》

第七章 克服嫉妒及私心

私心乃嫉妒之因，且嫉妒助長私心。

曾經有隻蛇的頭部和尾部互相爭吵誰才是領導者。尾對頭說：「總是你在帶頭，實在不公平，你應該偶爾也讓我領導啊！」蛇頭答道：「不可能的，因爲這是我們的天性，我本來就是頭，無法跟你替換。」

爭吵持續了好幾日，直到有一天，蛇尾忍無可忍，便一馬當先爬得比頭還快，並趕緊竄到樹旁。蛇頭無法趕上，便決定讓蛇尾自行主張。但不幸的是，蛇尾看不見該往哪個方向進行，這條蛇便掉入火坑中被燒死了。

有些人從不滿足自己現有的財產，且嫉妒那些比他們擁有更多的人，藏匿在這些人內心的嫉妒感，使他們不知把握現有的快樂。在他人眼中已經做得有聲有色的人，仍然汲汲蠅蠅的追求，並爲有人比他們更好而感到痛苦。這些人應該探討自己的內心，評估自己所接受的恩賜，而非一味的嫉妒他人。

嫉妒的起源

嫉妒的根本原因乃是私心。當一個人變的古怪異常，生活以自我爲中心時，他會視所有的事物爲潛在的敵人。會羨慕他人的成功，並垂涎他人的財產；此外，他無法忍受見到別人快樂，且嫉妒他人的成就。最後，變得完全無法與人溝通且極具危險性，時常製造許多事端。問題也是來自諸多原由的：

許多煩惱源自於心：有一隻狗四處旅行，想看看自己國家的風貌。未料，幾天後便自他方歸來，朋友問牠是否途中遇到其他困難，牠說沿途上遇到許多人和動物，他們並沒有找他麻煩而讓牠自由來去。

「唯一面臨的問題，是由我們同種的狗製造出來的，」牠答道。「牠們不讓我靜心走走，反而向我吠叫、追趕並想咬我。」

同樣的，當一個人成功時，不認識他的人不會來煩他。不幸的，他必須忍受他的朋友及親人的嫉妒，對他開始造謠生事，製造阻礙。在這種情形下，他應該試著培養耐心，或許可以這麼想，與陌生人打交道比自己的親友要單純許多。

自私會導致錯誤的觀念，因而看不清生命的眞相。自私是個極具破壞力的情結，因爲慾望會招來一連串的痛苦與悲慘。我們應採取正確的預防措施，以抑制這種負面的情緒。

思想是促成美事的力量，所得的「果」，正是思想所種之因所致。根據宇宙的定論，我們的痛苦與快樂完全肇因於自己思想的邪惡或正直。倘若不幸有了敵手，讓恨意深植心中，是對自己所做最糟的事。

我們都與苦難爲伍，且受難於痛苦之中。是要修養品德抑或和罪惡有所牽扯，都是自己的抉擇。因此，假如他日我們無法忍受看到或聽到他人的成就時，就應該重新評量自己的觀點了。

心靈的覺醒

藉由回顧、檢視人的負面想法，將會發現，只有自己才能擾亂自己平靜的心與內心的平衡。與他人相比較時，由於想到自己無法與別人並駕齊驅、或他人的成就總是超過自己，而爲自己帶來痛苦。潛藏的嫉妒心對任何人都沒有益處，此外，嫉妒心是世上許

多分裂、不和的原因。

我們應了解負面的情緒——如嫉妒、憤怒及憎恨——會遏阻心靈的成長。必須努力從諸多不良的影響中解脫出來，嫉妒不能為自己帶來朝思暮想的事物，反而會引人走入憎恨、焦躁、身心憔悴的死巷。

隨時對邪惡的念頭提高警戒心，每當心存不善時，必須試著將其轉換為善良的思想，要對自己心中的思緒嚴加督正。藉著循序漸進的自我覺醒，我們可以擺脫惡劣的思想，而不被它所奴役。

應付嫉妒心

既然已經了解嫉妒的危險，我們應該投入更多的時間及精力，以培養對人的慈悲與同情。想想，縱使他人更上層樓，我們又有什麼損失呢？反而應該立身樸質、鏟除自我中心的慾望，並為他人的喜悅而快樂，擁有這些純正想法的人才是有福之人，對整個世界也是一種恩典。我們應該體會他人的痛苦而產生同情心，並且摒除自私的想法。唯有克服私心，修養品德及體諒他人、慈悲胸懷時，才能達到快樂滿足的生活。

釋尊鼓勵其弟子在他人快樂時，設法去體會他們的喜悅，這是對付嫉妒的解毒劑。

在他人成功、飛黃騰達之際，應該抱持喜悅恭賀的態度。對於自己所愛的人成功了，要這麼做或許不難，但對敵手誠心敬賀就很難辦到了。然而，只要詳加思考：「難道我們不想要功成名就嗎？難道我們不希望他人誠心的恭賀我們嗎？假如我們希望他人如此待我，他們一定也期望我們為他們的成功、幸福與快樂而祝福。」抱持這樣的態度，可以使人從痛苦及毀滅中解脫，因為我們知道，惡意和惡行均源自於嫉妒之心。也可防止自己阻礙了他人的向上之心。

在另一方面，我們對於那些覬覦自己成就的人，應有包容的心。他們的反應有時是因為我們表現得不夠謙虛的緣故。在比我們失意的人面前，切勿炫耀自己的成就；在成功之際，應回顧以往失敗的經歷，才能更了解表現不如人的感受。

當他人因嫉妒而與我們公然作對時，勿使自己陷入憤恨之中，並應該提醒自己，如同每一個人，我們是自己行為的主人。應想想：「我為何對他惱怒？憤怒不能解決問題，只會使事情更加惡化，惱怒只會牽扯出一連串恩怨，使自己痛苦萬分，如果對他回報以憎恨，如同手執燃燒的冥紙，擲向他人身上般，徒然傷害自己。」有一則清楚描述一個法師如何說服一個嫉妒的敵手，而毫不動怒的故事。

你有辦法讓我聽命於你嗎：從前有個法師，他的論道廣為各階層人士所接受，因為他從不用晦澀的字彙，而是以內心的誠意與聽眾溝通。

一天晚上，有位從別的宗派來的禪師加入他的言談，這位禪師對於法師能吸引廣大民眾感到十分不滿，其中甚至還包括他以往的追隨者。這位以自我為中心的禪師，打算與法師好好辯論、較量一番。

「法師！」他叫道：「其他的人可能聽從你的話、遵從你，但像我這樣的人是無法對你產生任何敬意的，你有什麼本事讓我服從你呢？」

「到我身旁來，我表現給你看。」法師說著。

禪師隔開人群，並自傲的站在法師身旁。

法師笑了笑：「到我左邊來。」禪師依言而行。

「不，我想你站在右邊，我們比較好說話。」法師說。

禪師又自信滿滿的踱到右邊。

「你看！」法師說：「你不是正在服從我嗎！我想你是個非常溫和的人，現在去坐下來聽講吧！」

第八章
應付敵手及批評

主啊！請你將我從朋友的惡意批評中解救出來，至於敵人，我知道如何保護自己。

——伏爾泰

沒有人敢理直氣壯、大拍胸脯的說自己沒有敵人。甚至偉大的宗教家，大公無私、造福人群者如釋尊、耶穌、穆罕默德，或是偉大的哲學家如蘇格拉底，社會改革家如林肯及和平之父甘地等先聖先賢，都有與之對抗的敵手，何況是世間的凡夫俗子呢？這些偉大的救世主及領導人，極具耐心的忍受敵手的殘害與抨擊，而不違背自己的原則。甚至有些人視原則高於一切，因而失去生命。

曾幾何時，爲他人著想的人，竟也常遭心懷惡意之人的迫害，似乎善與惡總是不斷的衝突。當一個人努力做好事情時，有些人老是喜歡挑他的毛病，而吝於表露出讚美之意。不論是對於做過的事或未做的事，都有人埋怨。釋尊有一位弟子，名叫阿蘇拉，他

抱怨門下的弟子冥頑不靈，且對弟子回答問題的方式感到不滿。釋尊說：「人會抱怨別人太安靜，也會抱怨那些人說太多話，甚至抱怨言談適當的人。因此，世上沒有一個人不飽受抱怨之苦的。」

人必須做好心理調適，隨時有接受責難的準備，即使這些毀謗毫無根據。林肯對應付批評有一套審愼又實際的方法。他說：「即使我們對他人的抨擊反駁，可能還是換回不了既成的命運，我以竭盡所知所能的態度去做事，不到事情盡頭，絕不罷手，如果最後證明我是對的，那麼他人的批評又有什麼關係，如果事後顯示我是錯的，那麼，即使有十個天使的保證，也是枉然。」

心中的鏡子

一個人的思想和信仰，塑造了他的生活、經歷與環境。宛如鏡子般，每一個人心靈中的自我意象，反映在眞實自我上，可以由外在的我看到自己的性格及內在想法。人若領悟不到自己的性格乃是思想與信仰的影響，他便成爲環境的犧牲者。然而只要他察明這個眞理，就可以自醜陋的思想中掙脫出來。

一個人看到他人的醜陋面，正是自己本性的反映。因此，人不應急切的將自己內心不健全的思想及憎恨，投射到其他無辜、不幸的人身上。讓我們抱持耐心，切勿立刻對他人驟下評斷，應該將心比心，從更廣的角度來看事情。試著去探索事情的原委，抱持這種態度，可以使人過著與世無爭、平靜的高尚生活。讓我們謹記釋尊的教誨：「一個時時觀察他人過失的人容易動怒，非旦不能消除他人的污穢，反而會增添自己的污穢。」波頓．賀爾寫著：

我用批評的顯微鏡看哥哥，
說：哥哥顯得多麼粗糙啊！
我用輕視的望遠鏡看哥哥，
說：哥哥是多麼渺小啊！
然後我看真相的鏡子，
說：我與哥哥多麼類似啊！

挑剔他人的錯誤

看見他人的錯誤是非常的容易，然而，要承認自己的錯誤就困難之至了。佛家說，人們像除去米糠般挑剔他人的錯誤，然而當要隱藏自己的錯誤時，卻像隻狡猾的獵鳥般掩飾住自己。我們不應該時時鑽研他人的錯誤，或是批評他人已完成或未完成的事，並且要時時謹記自己的職權和怠忽之處。

牢記這些珍貴的教誨，可幫助我們洞悉自己的本性，抑制不良的想法，以順正道而行。倘若人有專挑毛病的心態，就會認為即使玫瑰也有刺。在欣賞美麗之際，為何還要介意瑕疵呢？每個俗世之人都難免有過失啊！要記得沒有人是完全的壞或徹底邪惡的。

下次開始挑他人毛病時，切記羅勃．路易斯．史蒂文生所說的話：

最壞的人也有這麼多的優點，
最好的人也有這麼多的缺點，
任何一個人都沒有必要去挑剔他人的錯失。

遭人批評時該做什麼

當有人對您生氣時，問題的原因可能源自閣下所做的事，倘若是閣下的錯，趕緊俯首認罪，並為自己錯誤的行為致歉。倘若遭誤解，與對方來一次心與心的交談，並欣然傾力相助。相反的，如果對方已因嫉妒而怒火中燒時，實不應該用憤怒還以顏色，雖然這是自然反應，然而開戰不能平息戰爭，只會造成相報，何時能了呢？最糟的情形不過是結局的不公正。釋尊說：「勝者招致憎恨，落敗帶來愁苦，只有放棄勝敗之心，才能快樂、平靜。」

以慈悲克服憤怒並不容易，而且包含某些程度的自我控制：意即爲了快樂和安寧，必須克制自己的怒氣。釋尊說：「無論在多少次戰役中征服多少人，唯有能征服自己的人，才是最偉大的勝利者。」這需要耐心，但所獲取的結果是值得此項努力的。

另外，眞摯的微笑也有效用。倘若您對敵人微笑，表現出愛與仁慈的慈悲思想，奇蹟便發生了。快樂的笑容有正面積極的力量，能夠溶化你們的心牆。只有愛才能夠將負面的思想轉變爲積極的念頭，憤恨只會造成敵手立場更爲堅定。

他將我摒除在小圈圈外，
視我為異教徒、叛黨之徒，極盡嘲諷之能事，
但愛讓我擁有智慧，戰勝他；
讓我們將他帶入我們的圈圈內。

——馬爾侃

聰明的人不會以仇報仇來擺脫敵人，因爲如此一來，便如滾雪球般，塑造更多的敵手了。征服敵人較適當的方法，是向他們表示親善及諒解之心，找出他們的需要及中傷自己的原因，然後，試著學習稱讚他們，而不是嚴加批評。雖然此舉不被大多數的人認同，然而卻十分有效。奧斯卡．王爾德（英國劇作家及小說家）曾說過：「要原諒敵人，因為再也沒有任何事比此事更令他們惱怒的了。」嘗試過的人證實這是最有效又切實際的方法，能使敵人變成朋友，這也是佛家的哲學。

佛陀教人要以仁慈克服憤怒、賢德克服邪惡、慈悲克服私心、真實克服虛假。

在惱怒他人並將之視爲敵手之前，只要回想兩件事：

一、人心懷恨意即須承受比敵方加倍的痛苦。假使想擺脫最大的敵人，應該先平息自己的怒氣。

二、我們不只從朋友身上學習，也學自敵人。給他們懷疑的權利，他們可能十分有理，倘若不注意他們說些什麼（反而對他們的行為感到憤怒），可能會失去一個學習、改善的機會。這意外的新事實也許很重要，因爲與自身息息相關，即使是朋友，也會礙於友誼而不指出我們的弱點。假如我們能敞開心房而不貿然斷定，即使是敵人，亦有與之看齊的優點。

不要害怕遭受批評

爲人和善亦可能會導致厭煩。讚美是甜蜜的，然而過多的讚美可能招致人的厭倦。評論猶如苦藥或令人痛楚的針劑，當然令人厭惡，卻對我們著實有益。

不用害怕遭受批評，應該牢記，沒有人可以眞正避免批評，即使是偉人也是一樣。批評是無益的，因爲它使人處於防備狀態，令人拚命想保護自己。批評亦是危險的，因它傷害人的尊嚴與驕傲，造成對他人的怨恨。但批評也有建設性的一面，我們應該傾聽他人對自己的評論，尤其是具建設性的，並接受自我改善的機會，我們應該抑制自滿，而不對他人的批評心懷恨意。對於抱持不同觀感的人，我們不應該立刻貼上標籤、烙下記號視爲敵人，並非所有批評我們的人都是敵手，因此，我們應該採取正面的態度，而且專注聆聽批評的內容。對我們的評價有否根據？或是否有值得學習的事物呢？從批評中，我們也許可以找出自己看不見的弱點。

而另一方面，我們或許會遇到固執己見的人，對他人的善意不予理會。此時，我們

可以試試用和平漸進的方式與他們溝通，也許徒勞無功，亦毋須心懷恨意，而對他們施以報復的手段，因爲如此一來，自己也會陷入他們打滾的泥濘中，與敵手相去不遠，同時也污染了自身。很多人常會介入無關自身的事，想要惡意去傷害或批評他人，最後，反而自己陷入困擾之中。

同時，也不該過於吹毛求疵。對他人的事追根究底、從中干涉。以下有一則關於東方的民間傳說，可以闡述這一點。

勿多管閒事：從前，有些伐木工人正在砍伐一根倒地的樹幹。他們要將樹幹一劈爲二，爲了讓工作進行得順利些，便用一根楔子嵌入樹幹之間，在近中午時，大家想休憩片刻，便留下插著楔子的樹幹在原地。不久，來了一隻猴子，牠想知道楔子在樹幹上有何作用，便跨坐在樹上，尾巴懸在劈開的樹中間，在用力的搖晃楔子之後，終於把它移開位置了，但這個動作讓樹幹猛力撞擊並壓碎了猴子的尾巴，猴子因而喪命。

當有人對你出言不遜時，該怎麼辦呢？你可以做下列的檢討：對手的言行舉止對我來說公平嗎？倘若他們毫無事實根據，那麼，與其憤恨不平，不如將事情淡化處理。你甚至應該同情他們，因爲作惡多端的人最終只會傷害自己。倘若你是無辜的，就視對方爲無知的人，需要人引導吧！記得耶穌被釘在十字架上時曾說：「天父啊！請原諒他們的無知，而不是他們的所為。」

避免此類問題的方法是，儘可能減少與不善的人接觸的機會。這是爲何釋尊曾說：「假如你沒有任何可以信賴的朋友，最好還是獨居一隅，各自生活。」

也許這並不可能，倘若我們必須與自私自利、一心想從我們身上奪取利益的人打交道的話，該如何是好呢？這些人宛如蚊子般，不但吸取血，還傳播病毒，果眞如此，那麼不要給他們任何機會傷害自己。《法句經》中記載：「讓我們快樂的活在仇人之中吧！」沒有理由把自己陷入復仇的漩渦中，雖然這主意十分誘人。試著從這些微不足道的痲煩中昇華，我們之所以會動怒，是因爲尊嚴受到嚴重損害，倘若能夠撇開這些錯誤的自我觀念，便會了解沒有什麼值得讓人氣得火冒三丈的事情，也沒有一個集罪惡於一身，惡貫滿盈的人。

在修養耐性與體諒時，不應該使自己爲他人所利用。在面對不公正的攻擊時，應該冷靜維持自己的尊嚴，同時亦不放棄崇高的原則。

你可以踩我一腳：有位年輕人在走向火車包廂的走廊上時，不慎踩到一位旅客的腳。雖然道過歉，年輕人還是慘遭男旅客憤怒嚴厲的斥責。「親愛的大人，」年輕人說：「難道您看不出這是不小心的嗎？假使您對我的道歉仍不以爲然，如果您喜歡，可以踩我一腳。」

男旅客對自己的所爲深感愧咎，便不再斥責這位年輕人了。

有些人或許會覺得上述的小故事很值得讚揚，道德高超，但是絕對無法做到，並且在這適者生存、事不關己的世界中，太過於烏托邦式了。的確，要做到這般境界是有點困難，但還不至於辦不到。雖然有人以犯罪爲樂，但他的本性中還擁有潛力，能克服邪惡，以及自罪惡中解脫。有些人只爲短暫的暴利而誤陷法網，但是爲長遠打算，他們應該循正道而行。通常，眼前的利益矇蔽了急欲獲利的人，使他無法將眼光向遠處看。假若他能瞭望更寬廣的視野，縱使無法轉劣爲優，至少會注意到，對自己施以仇恨者，不反以仇恨施之，可減輕不少罪孽。

不應該因遭受批評而放棄自己原本已做好的工作，倘若自己處事得宜，情操正直，有繼續奮鬥下去的勇氣，不受輿論的影響，這樣才是眞正的了不起，無論處於何地，皆可輕易的將成功操之於自我的手中。

那些犧牲時間為民服務的人獲得掌聲，同時也飽嘗批評，因為有些人會嫉妒他們。此乃塵世中自然的現象，猶如結香甜可口果實的樹，遭到更多的人以石頭去丟擲一般，樹大招風啊！

釋尊說：「崇高道德的人不會偏離正道，慾望不再緊隨著世俗的喜悅而來，讓所有的事情順其自然，智者不論處在喜悅或悲苦中，都能心存平靜永恆之心。」

第一次以光輝的慈愛面對敵手時，勿期望見到立即的效果。倘若盡了力而無回報時也不要氣餒。必須更具信心、決心和毅力，奮勉實行以戰勝敵手。藉此給對方一個知道自己錯誤的機會，他必會感激你的仁心與勇氣。

在試著贏取友誼或平息口角之爭的過程中，事實即是事實，不必扛下自己未犯的錯誤。倘若你真的犯了錯，應該坦然謙虛的承認。然而，倘若自己是對的，嚴守原則，並抱持一顆純淨的心，遠離氣憤、憎恨與復仇。另外，不應該輕視小國小民或弱小地區的民族，以為他們毫無防範之力。事實上，俗語說，偉人之所以偉大，在於他如何對待小人物。

即使是弱勢動物，如果互相合作，也能戰勝兇猛的野獸。

團結就是力量：有一隻大象，曾撞倒一個棲在樹枝上的鳥巢，結果鳥巢及巢中的蛋盡皆毀壞。母鳥十分難過，但大象只是闊步離開，甚至沒說句抱歉的話。母鳥便飛到啄木鳥處求救，啄木鳥找到大象，啄出牠的眼睛，而後成群的蒼蠅停佇在大象的眼窩上，散播病毒。一度壯碩的大象現已盲了眼，無助的到處奔竄，尋找水源。母鳥仍舊不肯放過，到處尋求聲援，予以報復，於是請求青蛙待在一個大枯洞旁呱呱叫著，大象以為有水，直衝洞口，便摔進洞裡死了。由此看來，母鳥、啄木鳥、蒼蠅、青蛙們均是弱小的動物，卻可以殺死一隻如大象般的龐然大物。因此少數民族只要禍患與共，也可以改變世界的命運。

第九章　控制不穩定的情緒

喜怒無常的人，不只在社會中製造不愉快的氣氛，而且呈現出一付醜陋的表情。

每個人或多或少受到情緒的影響。我們應試著去了解自己的心情，以便能夠支配它，避免做出令人遺憾的事來。處於情緒大起大落的壓力下，應該延緩做成重要的決定。因爲在憤怒或惡劣的心情下，我們無法看清事實，考慮欠周詳，無法達成完善的決定。相反的，當我們興高采烈、得意洋洋時，更易懈怠，思考較不客觀，所做成的決定也容易有成見。因此，需要花點時間讓心冷靜下來，分析問題，反覆思慮。一顆平靜的心不會受到喜怒無常的影響，所下的決定或判斷將會更客觀，而易臻於完美。

心情的改變呈現在臉上，可藉由看鏡子得到印證。這是個治療情緒不穩的錦囊妙計。當我們看到鏡中怒目而視或悶悶不樂的怨懟的表情時，令人忍不住想咧嘴而笑。相反的，如果我們微笑，放鬆臉部肌肉，便有振奮精神、令自己欣喜的結果。

我們舉棋不定的心情，亦顯示出瞬間的心靈狀態，在反覆無常的改變中，人視爲永久的「自我」僅是個幻象罷了。當人快樂、悲傷或憤怒時會說：「我好快樂、悲傷或生氣。」無論如何，此乃保守者表達自己的方式。但是，感覺到這些心情的「我」在哪裡呢？在腦中、在心中亦或靈魂中呢？倘若仔細觀察，將會發現沒有一個永恆的「我」，只是一連串的身心狀態，忽起忽落。道元禪師說：「學佛就是學著靜觀自己，靜觀自己便是忘記自己，忘記自己就是視自己為萬物之一。」

倘若眞有永恆的「我」，這個「我」會一直是相同的，沒有任何改變。我們永不會變老。因爲這些精神力量起落太快，以至後人以爲這是不斷的、永恆的。有如我們很難相信地球確實是繞著太陽轉一般。假如我們視眞實的自我並不存在，那麼我們所有的情緒——無論好或壞的——只不過是通達恬靜及和諧的阻礙罷了。理解這點，便可以更容易的駕馭情緒。

想像身體如同一輛公車，而所有的心境是乘客，乘客若想坐在司機的座位上駕駛方向盤，試想結果會如何？一場意外或慘遭橫禍是可想而知的。假如不知如何處理性格中不穩的情緒，便可能造成類似的災難。

所以，司機必須減少乘客的人數，沿途讓一些人下車，拋開喜怒哀樂、貪婪、嫉妒、憎恨等情緒。用這種方式分開注意力，那麼，就不會有人想要爭奪司機的位子，司機既可以安心駕車，又可以掌握完全駕駛的權利，身心皆在自我意志的支配之下，便可以隨心所欲，想開往哪裡就開往哪裡，你將是自己的主人，主宰自己的命運。

「自我」這個觀念惹來不少麻煩。因爲我們一直以爲有個永恆的自身或自我，因而過於重視自己，時常認爲自己的需要比任何一個人都來的重要。看到比自己優秀的人，我們不會爲他感到高興（雖然理當如此），反而奮不顧身的挖掘他過去的隱私、家醜，將之公諸於世。同樣的，倘若他人長的較俊秀或做事較有技巧，我們又萌生妒意。而對抗這些負面的情感最好的方法，便是對他人的成就同感喜悅。試著卸下隱藏於胸臆的自傲及優越感，便可以結交到更多朋友，否則只會帶來更多的煩惱。

缺乏同理喜悅的心，還會引起另一項錯誤。我們不願承認自己的成就是得自他人的援助，好朋友通常會離開，就是因爲人們通常不知該如何答謝朋友所付出的友愛。今天世上還有許多成功的人，不願相信既有的一切乃得自父母的幫助，人而忘恩負義至此，實須花所有代價根除才行。

深思與仁心

當心情不好時，有些人會殘酷的對待那些比他更不幸的人，大發脾氣，以提高自己的優越感。「我找不到任何慈悲爲懷的人」，有個作家這麼說著：「我仍然能記得我的理髮師、廚師及郵差都是和我一樣，是上帝以相同的黏土捏塑而成的。」假使無法與人爲善，便會摧毀心靈的寧靜。因此，我們必須深記平日所遇的每個人均有其生存的自尊。

爲他人著想的行爲可大可小，原則是相同的。那些以外交手腕及策略對待員工的人，將很難得到喜悅，而一個快樂、有衝勁的部屬，正是任何組織最大的寶藏。替他人或動物著想的必要性，可藉由以下的故事表達無遺。

切勿匆促行事：從前有個國王，受教於一位名聞遐邇的馴馬師，學習駕馭的技術，就在四輪馬車抵達空曠的原野時，馬匹甚至還沒有機會暖身，國王就開始用皮鞭鞭打馬匹，想與師父相互較勁，所以，很快的國王就遠遠落後在馴馬師的後面了，不論他怎麼用力吆喝、鞭笞都徒勞無功。國王非常生氣，他召喚馴馬師：「顯然你並沒有把最好的駕馭技巧教給我。」

「陛下，」馴馬師回答，「我已經教完了所有駕馭馬車的技巧，實在是陛下過度急切了。我們騎師有個準則，就是先考慮到馬匹的狀況，然後再與之配合。當陛下落後時，變的心焦異常，以至慌亂的鞭打馬匹，絲毫沒有考慮到牠的安危。陛下，您只關心是不是能取勝而毫不在意馬匹的感受，這是您失敗的主因。」

對每個人寄予同情

「不尋求毫無價值的快樂，在崇高責任的喜悅中尋求快樂。」源於釋尊的指點，這是最基本的人際關係，是人與人相處的道德教誨，而非抽象虛無的信念，並且能夠帶來自我成長與創造社會幸福快樂的祕方。

即使有些人不受情緒變化的影響，也會表現出憤怒、憎恨之情。倘若人們能夠對他人仁慈和體諒，人類的歷史可能會重新改寫。然而，縱觀歷史，顯示人對施與痛苦比減輕更有興趣。這實在是令人匪夷所思。看看周圍的人，愛因斯坦曾說：「這個世界太危險了而不能居住，不是由於人們作惡多端，而是因為人通常坐視不管，任由事情發生。」

由於人的愚蠢和無知，無法看穿施加在他人身上的痛苦，矜弱無助的動物遭到所謂文明人的虐待或捕殺，來滿足追求舒解身心或冒險的心態。貧窮無辜的人被無情的剝削，好滿足現代社會的慾望。因此，許多人必須爲少數人的娛樂和興趣而受苦。

攻擊毫無防禦能力的動物，或自私的利用他人，令人感到不齒，然而嘲笑他人，或非人道的行爲對待他人，並引以爲樂，更能夠暴露出人性中脆弱和黑暗的一面。只有愚蠢的人才以作姦犯科自得其樂。苦痛是所有生物都經歷過的，我們都能感覺得出痛苦。然而，有些人竟以嘲笑他人的痛苦爲樂，當他人欲加害自己時，可就一點也不可笑了。看他人處在痛苦深淵中並不有趣，然而，不幸的是很多人卻不做如此想。想要人格崇高，我們必須拋棄這些污穢的心思，無論是對待偉大或卑微的生物，我們都應予以同情與關愛。

第十章　養兒育女的重擔及喜悅

倘若我們沒有對他人的服務表示感謝，那麼，又怎麼能期望自己的孩子對我們懷有感謝之情呢？

家庭是世上最古老的社會單位，事實上，它是縮小的社會模型，而且傳遞文明的火炬到下一代是每一代的責任。

大部份的父母珍愛其子女。沒有一個父母不願犧牲、不滿心懷著愛的爲自己兒女的幸福著想。不幸的，受現代唯物論的影響及壓力，使得父母的負擔比以前沈重許多，甚至遭到家庭分裂的威脅，而遠在人類文明之初，家庭即是最基本的社會結構，怎能輕易破裂？

父母的壓力

壓力的來源有很多。首先，在近兩百年來，經濟型態劇烈地從農業轉向工業，家庭不再是農業社會上的經濟單位，父母外出工作，只在下班時刻才回家，孩童被稱爲鑰匙兒童。他們工作的性質是分秒必爭、且靠工作表現領取報酬，在經濟不景氣時，更瀕於被解僱或是減薪的威脅中。

小孩也生活在各式各樣的期望中。由於受到學校同儕及廣告媒體的影響，孩童也暴露在各式各樣的期望、消費和需求之中。另外，父母有時還會因為自己的教育水準不高，遭到小孩的批評與輕視。父母甚至與孩子沒有共同的話題，造成父母與子女間的代溝。

這些轉變帶給父母極大的壓力，很多人似乎無法應付孩子心理的需求。除此之外，許多人皆經歷過本世紀兩次令人顫慄的世界大戰，他們改變對神的看法，過去人們認為神是仁慈的，祂的關愛對世人一視同仁，在科技蓬勃發展的時代裡，由於人類自身的經驗與科學現象的發現，許多人開始對宗教質疑。

子女的壓力

很多父母本身有俗世的期望，倘若孩子沒有依照他們的標準生活，便會感到失敗及無助。對於孩子的世俗成就寄以厚望，與親友、鄰居街坊互相比較，完全忽略了精神層面的價值。於是，子女成為這些心理壓力下的犧牲者，自幼即被灌輸種種觀念，如必須在功課上力求表現優異，找一份高薪的工作，登上金字塔的頂端，以及盡其所能囤積財富，但是很多父母忽略了子女的品德修養，例如感恩、誠實、正直、仁心、體恤及寬容等美德。對父母而言，追求財富及世俗的成就遠比品德重要得多。

由於這種社會壓力，無論是非、不管後果，父母一味地鼓勵孩子、甚至強迫孩子認眞工作，爲所謂的「成功」奮鬥。他們強加自己的一套價值觀於小孩身上，期望子女聰明伶俐、受人歡迎、出人頭地。父母認爲功成名就代表競爭、征服與壓制對手，卻忽略了培養一個人內在和諧的必要性。

不論小孩是否有興趣，讓他們參加電腦、音樂、芭蕾舞、游泳等才藝班，父母錯認爲這些活動對成功與快樂極爲重要。但是，假如孩子有興趣並具相當的天份，或父母想豐富小孩的自我意識及見聞，那麼，追求健康的活動並沒有錯。陶冶心性及培養技藝的活動，對成爲一個有教養的人是必備的，體驗生命之美會幫助孩子更懂事、更富同情心、更能欣賞大自然的曼妙之處。

父母自子女身上反映出自己的容貌及性格是很自然的。

我的美貌和你的智慧：蕭伯納曾遇到一位風姿綽約的年輕女演員，有一天，她在蕭伯納耳旁輕聲細語的說：「假如我們結婚的話，生下來的小孩有我的花容月貌及你的聰明才智，不是很棒嗎？」蕭伯納是個稱不上英俊的人，他回答道：「親愛的，這實在是個很不錯的建議，但假如我們的孩子有我的相貌及妳的頭腦呢？」女演員聽罷，趕緊逃之夭夭了。

區分事情的輕重緩急是很重要的。成功與快樂不只靠上才藝班學習這些技藝而已，父母不應讓孩子處在這種壓力下——能力不足卻被要求有輝煌的成就；尚未具備領導能力時驟然領導他人，或成爲一個明星選手卻沒有運動細胞。在這種不實際的目標下，小孩太早被迫進入大人充滿壓力和責任的世界，結果造成孩子總是疲憊不堪，導致對一切事物心灰意冷、漠不關心，使他們無法享受快樂逍遙的童年生活。讓我們不要把自己的野心轉移到小孩身上，奪走他們應得的快樂童年吧！

發掘潛力

父母應該透徹了解自己孩子的潛力，小孩將來才能依他的方式，在最好的時段達成願望。由於小孩還不夠成熟，無法籌劃自己的未來，我們不能期望一個小學生計劃大學、決定職業或安排婚姻，然而，有件事是確定的，那就是「天生我才必有用」，每個人都有天份、都有潛力。在學校成績較差的小孩，或許是天生對機械很在行、或是個極具天份的廚師。因此，去了解小孩專精之處爲何、性向爲何，是父母的責任，父母應該要多留心子女的才能與天賦，並鼓勵孩子爲社會謀福利及自我理念的實現。依據小孩的心性，培養與訓練日後謀生的專長。

一套有效的口訣：在先前關於佛陀的本生故事當中，有一則消遣性的故事。從前釋尊是位有名的老師。他傳授知識、指示那些領悟力較高的學生，畢竟在當時幾乎沒有高級的學校，智力高的老師習慣短期留宿些學生，分別教他們藝術、語言及其他重要科目。他們較集中於道德修養、宗教性的知識，並傳授如何成爲一個不具攻擊性的公民，因爲學生十分關心日後的職業問題。釋尊觀察到一位學生，在讀書上很不得要領，老師爲此十分煩心，但卻不給他任何壓力，相反的，他設計出一套方法，讓這位學生能夠具備謀生的技能。

有一天，他召喚這位學生來到跟前，並和氣的告訴他已學有所成，此刻該是他投注於家計謀生的最好時機了。隨之，釋尊教導他一個十分有力的背誦口訣以備不時之需。

學生看到老師的殷切神情，受到極大的鼓舞，便向老師辭行，並對未來充滿希望及信心。時時刻刻留心於他所學的，他更加專注於老師所傳授的口訣，不做其他任何事，這口訣根據不同的狀況，會有不同的意義。

有天晚上，他睡在屋外，聽到附近有人挖地的吵雜聲。意外的，他醒過來並開始背誦口訣，誦詞的意義是：「挖呀挖！你究竟為何而挖？」，聽到這聲音，在挖洞的那人丟棄他的工具慌張的逃走了。感覺到這般騷動，他起身出去查看究竟發生了什麼事，驚喜的發現一個金幣盒。小偷顯然早已埋藏前晚偷來的金幣，現在正想把偷埋在地下的錢挖出來時，一聽到吟誦的聲音嚇的魂不附體，拔腿就跑了。年輕人很幸運的擁有這些金幣。國王耳聞這位年輕人有一套法力高強的口訣，一吟誦便可趕走所有的盜賊，便邀請他睡在宮殿大門旁。

有一天，當他睡在宮殿門旁時，突然被竊賊挖掘的聲音吵醒，他立即開始吟誦他的口訣：「挖呀挖！你究竟為何而挖？」，盜賊本想穿過宮殿圍牆掠錢財寶物，一聽到誦詞馬上放棄挖掘趕忙跑開了，門警及侍衛聽到騷動，在宮中抓住盜賊並將他們繩之以法。門警及侍衛都知道是年輕人的吟誦口訣幫他們抓到盜賊，在國王了解整個故事的來龍去脈後，便邀年輕人住到宮中來，並指定他當國王的貼身護衛。

年輕人受到鼓舞，非常快樂且勤奮盡責的在工作崗位上堅守職責。國王早已耳聞他吟誦口訣的法力，要求年輕人教他，國王把口訣深記在心，且每當有空時便朗朗上口。在偶然的機會下，有段事故發生了：軍中最高指揮官欲行刺國王，圖謀篡奪王位，便要求理髮師在替國王刮鬍鬚時，趁機割斷國王的喉嚨，並答應付給理髮師一筆優渥的報酬。翌日，理髮師如往常般帶著他的用具欲替國王刮鬍子，並磨亮刮鬍刀，如指揮官唆使的，準備割斷國王的喉嚨，當理髮師用石頭磨利刮鬍刀時，國王恰巧開始吟誦口訣，意爲：「磨呀磨！我知道你為何磨刀。」理髮師嚇了一跳，雙腿股戰、跪地求饒。然而，國王對於刺殺一事毫不知情，便問理髮師怎麼回事，他又是怎麼了，出乎國王意料之外，理髮師揭發他是如何被最高指揮官教唆行刺國王的祕密，國王立即傳喚他的內閣議員，並判最高指揮官死刑，那位教國王口訣的年輕人則代替指揮官的職位。

倘若老師及父母盡心去了解孩子心靈的承受力、精神本質的習性及潛在天賦，那麼，要培養孩子成爲好公民就不難了。

父母必須重新評估自己處於上位的態度，父母們彼此互相比較自己兒女在學業上的成就，早已蔚爲風尚，紛紛盡其所能，鼓勵孩子在成績上有優異的表現，我們必須接受

原來本質的他，而非期望中的他。不過，此爲所有父母不知不覺犯下的錯誤，但也並不意味著父母可以任由孩子成長，而忽略養育之責或最高理想的追求。父母在考慮到孩子的天資、性向及能力之後，鼓勵孩子達成目標，所有人並非生下來都是平等的，因此，父母必須了解孩子的潛力，並幫助他們朝這方面或領域去發展。

父母應認清孩子的自然本性，而不是一味強加自己的觀感於他們身上。要知道，並非所有的孩子都是天生的工程師或醫生，只要給予鼓勵與支持，自然能發揮能力並展現最大的潛力。

天才兒童：從前有個男孩，在寫詩方面天賦異稟，卻出生在貧窮的家庭。即使與人閒話家常，他也能不由自主的吟起詩句來，他的天資讓許多人嘖嘖稱奇，唯獨他的父親因不曾受過教育，無法欣賞孩子的天賦。有一天，他的孩子以詩句回答他的話時，他十分憤怒並開始鞭打小孩，小孩遭籐條鞭打時，以詩句回答父親：

慈愛的父親，假如您必須鞭打我，

請動手吧；

然而詩句是我出生的禮物，
並非我強求得來的贈品，
亦非我能放棄的；
慈愛的父親，允許我，至少讓我運用它。

父母須確實提供小孩良好的教育環境，並具備合宜倫理與道德規範的指導，只有靠良好的倫理及心靈上的修養，小孩才能在成長過程中慢慢發掘自己的潛在本能。佛學作家法蘭西斯．史多瑞說：

知識是世界上的成功之鑰，
沈思是領悟完美幸福的良器；
而道德則為二者所需。

父母教育領導小孩，不應只靠告誡來約束，亦應以自己爲榜樣，教導他們如何盡一己之責及實行義務，並對長者或父母表達謝意，唯有父母身體力行，孩子才有效法的榜

樣，才能學得更好、更刻骨銘心。

把籃子拿回來：從前有一對年輕夫婦，他們與公公同住一堂，公公的脾氣暴躁、不時抱怨，讓夫妻倆心煩不已，最後惹得他們想擺脫老人。於是，先生把父親裝進大籃子中揹在肩上，當他正準備離開屋子時，他十歲的兒子問道：「爸爸，你要把爺爺帶到那裡去？」年輕人解釋道，他要留老人在山中一段時間讓他自力更生。男孩靜靜的看父親離開，突然大喊：「爸爸，別忘了把籃子再拿回來哦！」年輕人嚇了一跳，並停下來問兒子原因，小男孩答道：「嗯……當你老的時候，我需要用這個籃子來裝你呀！」年輕人趕緊把老人帶回家中，從此細心照料，供給老人一切所需。

有些心胸狹窄的父母，常會做出一些缺乏道德的事或在家中言談粗俗。父母應特別注意在小孩面前所做的事。以下的詩對於撫育小孩的藝術有實際的幫助：

倘若小孩活在寬容中，

他便學會忍耐。
倘若小孩活在鼓勵中，
他便學會自信。
倘若小孩活在讚美中，
他便學會讚賞。
倘若小孩活在公平中，
他便學會處事公正。
倘若小孩活在安全中，
他便學會忠誠。
倘若小孩活在肯定中，
他便學會喜歡自己。
倘若小孩活在接納與友誼中，
他便學會在世間尋找「愛」。

很多膚淺無知的父母允許自己的小孩爲所欲爲，而不灌輸任何道德規範的實例。父母在子女長大成人後能否成功的教育子女，實在備受爭議。不應鎮日神遊太虛，應給予孩子正面的榜樣，教他們仁愛、尊敬與和諧，以爲世界的公民。

父母憂慮的來源之一是子女不夠聽話或順從。他們擔心以後老了，不能得到子女的照顧。他們也懼怕自己的小孩，會因自己錯誤的行爲帶來羞恥及不愉快，因此敗壞門風。然而父母的愛遠比孝心來得偉大，沒有人會期待未成熟、毫無經驗的小孩，像父母對待子女般盡責及充滿愛心，直到他們也爲人父母，才會明瞭父母的價值及他們那份毫不保留的愛。

有許多父母盡其所能的教育子女，施予他們良好價值觀的範例，然而這些努力都因爲孩子頑固、叛逆的本性而付諸流水。還有些無可救藥的小孩，出生在條件極佳的家庭。在此類事件中，父母毋須感到悔恨，因爲自己畢竟已經盡了爲人父母之責，父母應該做他們所能做的，否則只好接受他們無法改變的事實。紀伯倫寫了幾句意義非凡的話，提供父母細細酌量，也相同的給子女品味一番：

你的孩子並非屬於你的，

他們擁有自己的生命與生活，

他們藉著你來到世間而非源自於你。
雖然他們還是與你共處一室，
但並不代表屬於你。
你可以給他們愛，
卻無法給他們思想，
因為他們有自己的想法。
你可以努力像他們一般，
但別冀求讓他們如你一般。

釋尊在《法句經》中談過同樣的事，一個智慧有限的人，可能以為他的孩子及財富都屬於他。然而，即使是他自己，也不完全屬於自己的，還談什麼孩子或財富呢？財富與子女都會改變，他怎能自以為擁有他們呢？

有些父母會向他們已婚的兒女提出種種要求，這些兒女已有本身的煩惱，而且處於社會莫大的壓力中，但當父母抱怨兒女不知反哺報恩時，兒女因此產生罪惡感與羞愧感，父母子女的距離只會更加遙遠。然而，假如父母培養情緒保持平穩，不致過度要求子女，父母與子女之間會有更多的親密及諒解，並造就家庭中最渴望的團結一心。

現代社會中的父母

現代社會中最悲慘的，莫過於小孩處在高度工業化國家中，缺乏父愛母愛所遭受的痛苦。當一對新人結了婚，總會計劃生一群小孩。一旦小孩出生後，父母便盡最大的能力，在道義上負起照顧兒女之責。父母不只要看小孩是否在物質上獲得充份的滿足；精神和心理方面也同樣重要。

父母親對子女的慈愛及關心，相較物質的供給更爲重要。我們知道有很多父母不是出生於高尚的好家庭，卻也付出許多心血，把小孩一點一滴的拉拔長大。反而，許多富裕的家庭提供小孩所有的物質享受，但卻剝奪孩子本應擁有的父母之愛，這種小孩將來長大後，一定會缺乏任何心靈及道德上的修養。

第十一章　對死亡的恐懼

生命到處充滿無常，但死亡卻是必然的事實。

——釋迦牟尼佛

整個世界萬物都怕死；然死亡對我而言，卻是一種難得的福氣。

——古魯

當精卵結合、生命開始的剎那，就宛如射出的子彈般，必須達到最終目標。對生命而言，最終目標便是死亡。不論我們喜不喜歡，所有的人皆必須面對這無可避免的自然現象，越早接受這個事實，人就越能掌握自己的生命，去追求理想。事實上，我們也不是那麼受死亡本身所干擾，而是受困於對它所抱持的錯誤觀念。死亡本身並不可怕，可怕的是盤據於心中對死亡的恐懼感。

人短暫的生命為生理時鐘所操縱，時光滴答滴答的消逝在時代的洪流裡。當時鐘老舊後，遲早我們是無法要求再待多一點時間，一旦時間到了，人必須要有經過死亡的自然過程的準備。

有位資深的護士曾說：「如此多的人對死亡恐懼，一生皆活在戰戰兢兢的戒備中，到頭來卻發現當死亡來臨時，它也如生命本身般自然，因爲到最後的關頭，多數人早已不畏懼死亡了。在我的經驗中，只有一位婦人對姊姊犯下無可彌補的大錯而似乎感到強烈的恐懼。」

「當男人和女人走到路的盡頭時，總會有些奇特及美妙的事發生。所有的恐懼、驚慌都消失了，我時常看到在他們了解這是事實之後，眼中顯露出快樂與驚奇，此乃自然界美好的一部份。」

猶如有名的內科醫師威廉．奧斯雷所說的：「在我多年的臨床經驗中，大部份的人臨終時，確實沒有任何痛苦和恐懼。」

面臨死亡

所有的人，不拘性別、種族、信念，均須面臨死神的降臨，沒有逃避的選擇。死亡是無法避免的過程，我們時常無法神色自若的面對自身的死亡。然而，除非人也能從死亡的恐懼中掙脫，否則他也無法從生命中得到自由。

害怕死亡，猶如害怕拋棄一件老舊的成衣一般。

——甘地

要忍受所愛的人消失在人間是十分痛苦的，因爲我們與死者間的感情太深。這發生在一位有名的女士維撒哈身上，她在釋尊住世時皈依佛門。在她失去深愛的孫女時，她拜訪釋尊，尋求消弭悲痛的解決之道。

「維撒哈，你喜歡擁有如城中的小孩一樣多的兒子和孫子嗎？」釋尊問。

「是的，我真心盼望！」

「然而，城裡一天有多少小孩夭折呢？」

「不少人！城裡從未擺脫小孩夭折的陰影。」

「那麼，維撒哈，在此情形下，你會為他們逐一哭泣嗎？維撒哈，鍾愛百樣事的人，同樣也有百種悲苦，無所愛的人也就沒有痛苦。這種人才能從悲苦中解脫。」

當人與人發生感情時，必須也要有心理準備，在別離時會付出悲痛的代價。

對生命熱愛，有時也會演變成過分恐懼死亡的降臨。因此即使是爲了正當的理由，我們也不願甘冒自身的危險，我們害怕疾病或意外會奪走珍貴的永恆生命。一旦領悟到死亡是必經的過程，我們會希望並祈禱靈魂能夠繼續留在天堂裡，得到安全及保護。這種想法是建立於強烈渴求永生的基礎上。

根據心理學報告，許多心理壓力是源自於我們拒絕面對現實，不願接受生命的眞實面。壓力若不解除，便會逐漸導致嚴重的心理障礙。因此，由於疾病而產生的憂慮和沮喪反而會使病情惡化，人不能選擇疾病的種類，也無法挑選吉時去逝，但是我們絕對可以選擇面對病情及死亡時毫無所懼。

人往往被死後的身軀嚇的魂不附體，但是，按理說，活著的身軀遠比死後的屍體更具危險性。屍體不會傷害人，但活人的身體卻能夠無惡不做，做盡傷天害理之事。因此，人害怕或恐懼屍體不是顯得太過愚蠢了嗎？

何謂生與死

人毋須恐懼死亡，生與死如同一條繩子的兩端，不可能剪除一端而希望保有另一端。生與死的奧祕其實很簡單，心靈與肉體的集合——俗稱五蘊——稱爲生。五蘊的存在稱作生命。五蘊的消散稱爲死。而重新組合五蘊則稱爲重生。如此反覆循環、周而復始，直至我們達到涅槃的極樂世界。

有許多說法可以闡明這簡單且自然存在的「死亡」。有些人認爲死亡代表沒有來世，在宇宙間完全消散，有人相信輪迴是由一個肉體進入另一個肉體；而有些人則以爲是靈魂飄浮不定，等待審判日的來臨。然而對佛教徒而言，死亡只不過是短暫存在的暫時結果，並非所謂「生命」的結束。

每個個體都應意識到在整個命運中，死亡所扮演的角色。不論貧、富、貴、賤，一個人今生最終的休憩地是躺在棺材裡，埋於六呎深的地底下，或裝在骨灰甕中或撒佈在海上。

所有的人均將面臨、分享相同的命運。由於對生命眞相的無知，我們時常涕淚縱橫、悲傷嘆息，有時卻是哭中帶笑。一旦了解生命的本質，我們便可以坦然面對所有事物的短暫性，並尋求自由之鑰，除非我們達到自現世事物中得到永恆解脫的境界，否則勢將一再地面對死亡。關於這一點，死亡所扮演的角色已相當清楚了，倘若有人覺得死亡難以忍受，那麼他應多方努力，以克服生與死的不停循環。

平靜安寧的死亡

每個人都渴望在自己盡完他這一生的責任及義務後，能在平靜安寧的環境下死去。但又有多少人能眞正爲這種可能性做準備呢？舉例來說，有多少人排除萬難，只求能對家屬、所愛的人、朋友、國家、宗教及自身的命運盡點義務呢？假如沒有完成這些義務，是無法死得心安理得、了無牽掛的。

我們應首先學習克服那份對死亡的恐懼，勿讓現在的這一刻從我們掌中逃脫，那些任由時光輕易飛逝的人，在自己的生命走向盡頭時，將會悔恨萬分。

倘若人沒有盡完應盡的義務便離開世間，不管他們從事何種職業，在人世間的生存將是徒勞無益的，既對自己無益、對世界就更加無用處了。因此，我們不能忽略自己的責任，才能有心理準備，勇敢且平靜的面對死神的召喚。有一天，我們才會到達完美不朽的境界，並從所有的苦難中解脫。

我們出生來到世上，是要爲人類的幸福與快樂而努力的，明瞭這一點相當重要，我們會因對人類的貢獻而永垂青史，人們不會因爲對自己的付出而記得我們。釋尊說：

「人的身體會化成泥土，然而他對世人的影響及貢獻卻會遺留下來。」

這可以由偉人的具體成就永存不朽得到印證，縱然偉人們沒有活在我們的生活中，但依然幫助我們為生活指引出一條路來。事實上，他們對人類的貢獻，將與我們長相左右、日月同昭。

當人們看到自己的生命不過是川流不息之谿壑的一小滴，他們會更加致力於貢獻自己那份微薄的力量。有智慧的人直覺的感覺出活著必須避開邪惡，行善正直，並保有潔淨的心靈，竭力求得自由。

接受釋尊的教誨而明曉生命的人，是不會憂慮死亡的。

今日我已死：大衛．莫利斯是西方有名的佛教徒學者，享年八十五歲。在他死後不久，有位作家接到來自他的一封信（顯然是他早已寫好了，並指示在他死後郵寄出去），內容是這樣的：「你會很高興知道今天我已死了，因為有兩個原因：首先，得知我已從疾病的痛苦中解脫，你會為此放下心中的一塊巨石。其次是，既然我是個佛教徒，且忠誠的遵守五戒，因此，你知道我的下輩子不可能籠罩在愁雲慘霧之下。」

佛家確信，死亡並非生命的結束，而是在輪迴中另一生命的新生，然而，倘若閣下不想再輪迴一次，就必須除去求生存的渴望，及其他淤積在心中的污穢。

死亡是無可避免的

這有點矛盾，雖然我們常看到死亡帶走多少人的生命，卻很少停頓下來自省，自己其實也快成爲死亡的犧牲品了。由於對生命的眷戀，我們無法接受死亡的想法，而事實上死亡是必然的。我們喜歡把這種可怕的想法儘可能丟的越遠越好——欺騙自己死亡是多麼遙遠的事，毋須庸人自擾。但是我們應培養足夠的勇氣去面對現實，隨時準備好去面對現實，死亡是存在的，而且隨時隨地均可能發生，這是無法逃避的事實。

第十二章　何必爲未來憂心

回顧今天，在短暫的路途上充滿各式各樣的生存事實

——行動、愛與短暫無常。昨天已成夢憶，明天則是個未知數，為現在而活吧！

有人問釋尊，爲何德行崇高、修身養性的人，總顯得如此平靜與洋溢著喜悅的光芒？釋尊答道：

他們不為過去的事悲傷，
他們不渴求尚未到來的事，
當下對他們而言是足夠的，
因此，他們會顯得喜悅洋溢。
不追求未來，
不為過去而黯然神傷，
不像砍下來的蘆葦般逐漸乾枯。

毋須為未來擔憂

人常爲自己的未來擔心。有位算命的江湖術士，在參觀寺廟後，問一位僧侶：「師父，你想不想知道自己的未來呢？」僧侶早已知道是怎麼回事，便答道：「身為一個修道者，我們不會為自己的未來擔憂。」

那算命術士看到坐在打字機旁的兩位女孩，又問了她們相同的問題。由於事先女孩已無意中聽到了僧侶的回答，當下即表示她們也不擔憂自己的未來。既然沒有人願意聽他剖析命理，算命術士便快快地離開了寺廟。他一走後，僧侶說：「好像你們也錯失了爲自己的未來贏些東西的機會。」

快樂的祕訣與成功的生活，均在於做現在必須做的事。毋須爲過去擔心，爲未來憂慮，我們無法回到過去，已經做過的事早已消聲匿跡，亦無法預測日後可能會發生的每件事，畢竟世事多變難料。然而有一刻的時間是我們有意識並可控制駕馭的，那便是「現在」。

這個道理總被世界上偉大的思想家認可，認爲活在過去的記憶或未來的夢想中，而錯失此刻及誤失良機是徒勞無益的。時光之河淙淙的流著，我們不應呆站著，眼睜睜的看成功的希望變成失敗的記憶。今天是使我們的力量爲人類帶來建樹的時候。佛陀指點我們，滿足可以使我們保持喜悅的心，把握此時此刻，選擇完全在於自己。

偉大的印度詩人及劇作家卡利達沙，用梵文表達了把握當下的簡單道理：

昨日宛如夢境，
明日只是幻想，
然處於今日，要好好的活，
使每個昨日成為愉快的夢，
每個明日是希望和喜悅的幻想，
好好把握今日吧！

為未來煩惱

許多人一想及自己的未來，便憂心不已。倘若人學會隨日常生活的情況而調整自己，是沒有理由爲未來擔憂的。而且，也應好好利用此刻可能發生的任何情況，一個人對生命的塑造在於目前，而非依賴過去或仰仗未來，也只有此時才能決定開始或停止做任何事。無論人如何在空中建築城堡或心中有何夢想，如果他現在不馬上做點事，光說不練的話，一切都將變得毫無價值。

屈從未來的人，易被未來所玩弄。有些人一面臨困境或麻煩時，習慣找算命師或占卜家，縱使有些占星士可以預測未來，然仍有太多泰然行惡的人，假藉擁有預知的神力而信口開河、招搖撞騙。會去算命的人，潛意識裡多少有點自虐狂，喜歡聽未來將有噩運降臨在他們身上，算命師很能揣測、摸清顧客的性格，並大方的告訴人們即將來臨的噩運諸等可怕的情節。這些容易輕信且過於膚淺的人，爲避開噩運，大花錢財於儀式及所謂的咒語與護身符上。然而，在另一方面，若人得知會有好運，便開始把白花花的鈔票投注於賭博或獎券上。不管是那一種情形，「愚者容易失去錢財」說得一點也不假。

改變一個人的命運

人常沒來由的爲自己的健康、家人、收入、名聲及財產煩心，他們想掌握變化萬千的事物，愈是擔心自己的未來，愈會對自己的生活失去信心，養成自私的慾望。一個老是想改變自己生活狀況的人，是無法領悟什麼是平靜安寧的心。

相信命運的人會想：「這是上天注定的，是上帝對我的安排，因此，我必須向上帝祈禱，並祈求祂改變我的生活方式。」於是，花許多時間去作禱告，反而忽略了自己每日應盡的責任。

假如我們相信佛，便可悟出下列的道理：此乃我前生或今生種的因，我須藉由努力行善及以冥想堅固心靈、盡力修持正行。如此一來，不愉快的影響可以減輕，而成功就更容易了。

沒有一顆星星是值得信賴的，
也沒有一盞領航的燈，
我們只知道要
善良、公正、正當。

勿循原路回頭尋求過去的事，
珍惜尚未到來的將來。
有洞察力者可清楚看見
現今就是此處、目前，

如此的智者渴求成功，

對於任何事均不會落空或動搖。

與其浪費多餘的精力爲將來擔憂，不如把握此刻可以做的事以充分發揮潛能。記得，現在是過去的孩子、未來的父母。

第三篇

快樂的要素

Chapter 03

第十三章　如何找到眞正的快樂

「快樂」，命運之神說道：「這項獎勵，人人皆有機會，唯有耐心耕耘的人才能獲得；你已經走過一半的人生旅程，現在，請你站起來往前走，你追尋的目標正在轉角處。」

你想要擁有快樂嗎？對於這個簡單的問題，人人都想回答：「是！」是的，世人皆想擁有快樂。但是，快樂的要素和如何獲得它的觀念卻因人而異。

一位作家曾說：「多數的人對快樂的定義，在於不斷的追尋，希望成爲夢想中的自己。對於這些不幸的人們來說，快樂是彩虹的彼端，是整壺的金子。他們花了大半輩子追尋彩虹，但他們從沒有發現陰影亦步亦趨地追隨。因爲，快樂是該往內心去尋找的。」

快樂存在於追尋的過程中，並非終極的目標。擁有崇高理想的人是快樂的；對週遭事物感到滿足的人是幸福的；不去干擾他人，讓他人擁有平靜生活的人是幸福的；對社會貢獻所學的人是幸福的；對本身職業、家庭雜務和日常小節皆存有愛而去做的人是幸福的；擁有愛的人是幸福的；快樂的人是幸福的。

所有的人都渴望得到幸福，縱使知道幸福會輕易消逝，人們還是日以繼夜地找尋幸福。但是，在一番苦幹之後，通常人們仍然距離幸福非常遙遠，爲何會如此呢？

追尋幸福

現代人的生活非常艱辛——人們辛苦地奮鬥，希望得到金錢上的報酬、生活上的舒適和奢華。但是，這種生活方式不會帶來快樂，反之，它帶來的是焦慮和壓力。在每個人的一生中，總有一些重要時刻，心靈的愉悅遠超過物質生活所帶來的感官刺激。

不容否認地，生活的舒適來自於經濟的優渥。我們無法謊稱那些生活在饑餓、悲慘中的人們是快樂的。在貧民窟那樣的環境下，的確壓抑了人們的幸福。一個大家庭必須擠在一間小屋內生活、吃飯、睡覺和扶養小孩的情境，確實令人爲此感到同情。這般卑劣的環境和悲慘的生活，常使這些地區成爲犯罪的溫床和痛苦的深淵——除非這個地區是由希冀在窮苦中找尋平和的聖人們組成。

無論如何，富裕和貧窮、幸福和悲哀皆是相對的字眼。一個有錢的人可能是不快樂的，而另一個窮人卻可能擁有快樂。假如金錢能夠正確而有效地使用，那麼富有是上天的賞賜。相對而言，窮人們的悲哀之一，卻是他們的物慾；通常，他們在物慾無法獲得滿足的情況下，對生命充滿怨恨。而富人們的悲哀是，心靈無法自財富中提升，他們愚蠢地死守金錢。因此，幸福並不來自上述的這些富人和窮人們。

有些人們認為快樂的來源，來自於一個情投意合，可與之相守一生的伴侶。有些人們認為，孩子是快樂的源頭。但這些卻不是永久不變的。生命的伴侶會死亡或離開；而有些子女帶給雙親的悲哀，遠超過快樂的時光。

我們應該學習對自己擁有的東西感到滿足與快樂。即使連最微小的期望都無法實現時，我們對目前的狀況仍該感到滿足。

沒有孩子的妻子：從前有對貧窮的夫妻，結婚多年但膝下猶虛。儘管在各方面他們皆感到幸福，但這位妻子卻有著強烈的母性本能，非常希望能有個自己的小孩。丈夫建議領養，但她卻百勸不聽，堅持小孩必須是她自己的骨肉。於是他們試了各種偏方，卻不見效果。她因而感到沮喪、壓力、焦慮和不完整的感覺，並影響了她的健康。漸漸地，為人夫者也發覺到妻子的改變。她甚至假裝自己懷孕了，實際上卻不是這麼回事。

然後，某天丈夫回家時，卻發現妻子手上抱著一綑東西，臉上散發著愉悅的氣息。他檢查了她手上的東西，才知道那不過是一塊木頭。妻子百般呵護那塊木頭，把它當成眞正的嬰孩般地照顧，盡力扮演為人母親的角色，還將它打扮一番。她甚至為她的「寶貝」做了個溫暖而舒適的搖籃，唱著溫柔的搖籃曲哄「它」入眠。

實際上，她的舉止如同一位小孩在玩著洋娃娃般。那位丈夫對此感到非常憂慮，帶她到一位有名的精神病醫師處去診治。這位專家細心地檢查了她的狀況，然後做了一個驚人卻人道的決定。他對那位丈夫解釋道，這個女人藉由幻想來得到眞實生活中所無法擁有的快樂。必須將那塊木頭丟掉，讓她的舉止恢復正常。但是，這將剝奪了她的幸福泉源，對她而言是件殘酷的事。

有時，我們的抉擇必須出自於內心，而非冷靜的理解力。同時，我們如果有了非份的慾望，它會影響我們對常理的判斷。

政治、經濟和社會環境影響個人的幸福甚鉅。菲力浦・吉伯斯爵士在他的《逃脫之道》一書中曾說道：「人類對於幸福課題無止盡的探索中，希望能夠尋獲某一種政治和社會制度，讓個人的機會得到最大的發展。這類幸福包括了：一、適量且有趣的工作。

二、個人、家人和週遭親友的安全無虞。三、在生活上最低限度的舒適。四、對於敏感且熱心的人而言，假如大部份的人類都在受苦，他也無法快樂。五、在不傷害他人的榮譽下，個人在思想和行爲上享有充份的自由。在這類思想和行爲的自由下，他可以充份享有冒險和享樂的機會；他可以擁有美感經驗、洞察知識的眞諦；征服自我及其所處環境；嘗試對心智和身體有益的事物。」

釋尊教導人們採用無害且正當的方式去得到快樂。不可以爲了自己的快樂，而使他人或其他生物受苦。請記得釋尊的忠告：「那些自食其力、不傷害他人的人，才能受到上天的祝福。」

幸福的要素

爲了建立一個快樂而有意義的人生，我們應該培養慈悲心、增進智慧。「悲智雙運」可以使人們達到完美的境界。如果我們只具有善心而忽略了智力，我們將成爲好心的傻瓜；相反地，如果我們光注重智力發展而忽略了情感的培育，我們將變成沒有同情心的頑固智者。根據佛教教義，爲了求取性靈上的自在，人們必須結合慈悲心和智慧。藉由愛的鼓舞和知識的指引，人們方能得到良好的生活。

慈悲是什麼?慈悲是愛心、珍惜、仁慈和寬容。慈悲表現於對生靈的愛心和關懷，尤其是對處於不幸情境者的同情。

智慧是什麼?智慧即是認清事物的本質，將心靈的高貴面發諸於舉止間。當一個男人遇見深深吸引著他的女子，他便希望再見到她，他的快樂和滿足來自於她的出現。但是，當情況改變，他無法再見到她時，他不可以有不講理且愚蠢的舉止。畢竟，在人類經驗中包含了無法滿足的一面。假如他對她不存有虛幻的依戀和自私的執著，他就能從這種痛苦中，找出相對的自由。在快樂的人生中，痛苦和悲哀仍然存在著;但是，這並不意味著人們無法由感官快樂中找到快樂的感覺。只是這種愉悅是短暫的，而且無法提供永恆的幸福。對於這項事實的了解，即是智慧。

幸福的要素是單純的，他們是一種心靈狀態，無法藉由我們週遭的事物，例如財富、權力或名聲而獲得。當人們畢其精力，累積超過他們所需的財富，直到發現儘管擁有全世界的金錢，也無法買到少許幸福時，他們才會醒悟和懊悔浪費了生命，但爲時已晚。所以，我們必須認清追尋感官快樂和幸福是兩碼子事。感官的刺激容易消失，無法提供人們永恆的幸福。而且，我們可以用金錢換取感官上的快樂，卻無法買到幸福。幸福的基礎來自單純的善良和清晰的是非觀念。

除非人們對自己感到滿意，否則無法感到快樂。心靈的平靜，只能藉由修行和禪定來獲得。我們所需努力的仍多，但做得太少。經由自我分析和淨化心靈，我們與生俱有的美德方得以展現。這項工作並不容易，需要耐心、決心和毅力。

幸福猶如香水般；當你灑向他人時，你也能沾其芬芳。

假如你想獲得寧靜、愉快的生活，請允許他人也擁有這般的生活。除非你根據上述崇高的原則來調適你的生活，你無法冀望幸福與平和。同時，你也不應期望他人的感謝。戴爾．卡內基曾說：「假如我們希望獲得幸福，那麼，讓我們不再介意他人是否爲我們的付出而感謝，只要衷心地給予他人你所擁有的。不知感恩圖報是很自然的，如同雜草般會輕易蔓延孳長；而感謝的心卻如玫瑰般，需要人們的培養、灌溉、愛心和保護。」

對於容易獲得的事物，人們很難存有感激的心。只有在這些事物被取走時，人們才會產生感謝的心態。我們所呼吸的空氣和擁有的生存器官，都被我們視爲理所當然，甚至被濫用。但是，人們不該像魚一樣，直到被迫離開水面，方知水的重要性。

亞伯拉罕．林肯曾說：

根據我的觀察，人們唯有決心使自己快樂時，他們才會感到快樂。

我們不能希望只靠祈禱就能得到快樂，必須努力方能得到這些祝福。對神的信仰和禱告是有益的，但是當你出門時，別忘了鎖上門。因爲誰也無法保證神會一直替我們看管著這幢房子。我們不應該逃避自己的責任。假如根據道德規範來生活，可以在現世築起一座天堂。但是，當違反這些規範時，在現世就會嚐到如地獄般的煉火。當人們不知如何根據宇宙自然的常規來生活時，常替自己招惹麻煩。不僅使自己縛手縛腳，更常感到一股不平之氣。假如每個人都能循規蹈矩的生活，那麼，不用等到往生，就能享有天堂般的快樂。因此天堂與地獄就在現世。善行和罪惡在世間循環不止，事實上，到目前爲止，人類都無法確定「天堂」和「地獄」是否確實存在。對於這項課題，至今沒有定論。

天堂和地獄在何處？從前有位僧侶，他最有興趣的講道題目是「天堂與地獄」。有位皈依者卻對這位僧侶的反覆說詞感到厭倦。於是，某天他站起來說：「告訴我，天堂和地獄在哪裡，假如你不能回答我，你就是說謊！」這位僧侶向來是個單純的人，他在此時顯得相當害怕。他不但沒有回答，而且保持緘默。他的沈默使得這位聽眾更為生氣，他大叫著：「告訴我，否則我揍你一頓！」這位僧侶很快地恢復了他的機智，回答說：「地獄就在你身邊，而且帶著你的憤怒。」那位男士了解到眞相之後冷靜下來，開始笑了起來。然後，他問道：「那麼，天堂在那裡？」僧侶回答說：「它就在你週遭，和你的笑容同在。」天堂和地獄之別，在於給我們什麼樣的生活。只要是生物存在的宇宙角落，必定同時存在著天堂和地獄。

幸福在何處？

我們往何處去找尋幸福？「在你內心」，佛陀如是說。沒有人會否認幸福是人類所渴望的，但幸福卻不是憑空可得。幸福是種理性狀態，並非是生理上的嗜好和熱情。

對生活感到滿足的人，卻連襯衫都沒有：有位東方的國王感到不快樂，於是向一位哲學家尋求忠告。這位哲學家建議國王找出全國最快樂、感到最滿足的人，然後穿上他的襯衫。經過長時間的找尋後，終於發現了這個男人——但他卻連件襯衫也沒有。

一位知名作家曾說：「假如你想要見見全世界最快樂和滿足的人的話，請看看那位穿著乞丐裝的王子。」

無法滿足的慾望是人們不快樂的主因，拋棄你的慾望，你將由不幸福中得到釋放。「我只傳授一件事，」佛陀說道：「人們受苦的原因和停止受苦的方法，就如同海水只有一種鹹味般，我的解決之道只有一途。我將指引你們一條道路，由此你可以由不真實走向真實的生活，由黑暗處走向光明面，由死亡邁向永恆。」

平靜和滿足也是依個人需要而定；狗兒喜歡骨頭不喜歡青草，牛卻喜歡青草不喜歡骨頭。同樣地，有些人喜愛刺激的生活勝過寧靜。有些人卻喜愛安靜的生活勝過刺激的事物。某些食物對某人而言猶如天堂盛宴，但對某些人卻是有害的。能治癒某人的藥物，卻可能致他人於非命。某些人的快樂，卻能夠擾亂他人的秩序。

幸福是種心靈的狀態，能夠經由己身修行來得到。外在的財富、名聲、社會地位和受人歡迎，都只是幸福的短暫來源。幸福的眞正來源在於心靈，具有涵養的心靈，才能提供眞實的幸福。某些人認爲人們無法獲得心靈上的平靜，這種觀念是不正確地。每個人皆能藉由淨化心靈來開發內心的平靜。

放棄世俗間會腐壞消失的事物，人們就可以得到不朽的幸福。

第十四章　在鬥爭和衝突間找尋平和

光將腫瘤切除，無法將疾病根除。同樣地，光靠暴力無法得到平靜，必須除去衝突的主因。

相較於以往，現在的人類多麼希望能遠離矛盾、悲哀、自私、欺詐和鬥爭。我們不僅希望家庭、辦公室和個人生活能獲得和平，甚至希望全球皆能獲得同樣水準的生活。因衝突而產生的緊張、焦慮和害怕，不僅令我們困擾，而且極需從內心和生理上發洩出來。因此，人類變成世界上最暴力的族群。

全球的衝突與動盪

今日，全球性核毀滅的威脅是非常有可能的。假如核戰爆發了，將無庇護所可供避難。人們使自己陷入了混亂中！科學的進步使核子發揮了巨大的能量，卻也危害了人類本身。只要人類被無知、自私、不公正、復仇和其他邪惡的摧毀力量控制，就無人可安全地遠離核戰的恐懼。

當第一顆核戰投擲在廣島時，這道「昏眩的閃光」改變了全世界的歷史。籠罩在廣島的放射塵，爲全世界的人們帶來了痛苦、害怕、怨恨和不確定性。相較之下，二千五百年前佛陀在菩提樹下的悟道，對人類的影響力是光芒四射且無遠弗屆。爲人類提供一條道路，遠離貪婪、怨恨和迷惑，創造一個充滿愛、仁慈和幸福的世界。

今日我們所面臨的基本問題，包括了道德墮落和智慧的不當使用。雖然科技爲我們帶來便利，卻使這個世界遠離了安全和寧靜。所以，科技的進步使人類的生活更加缺乏保障。假如在人類的發展中，缺乏了性靈上的進化，人類將陷身於危機之中。

釋尊爲人類指引了一條道路，使我們擁有和平、繁榮和善意。但是，當今的人們卻忽視了這項歷久彌新的訊息。對於墮落的人類而言，核毀滅只是一步之遙。人類雖然具有控制自然的巨大力量，但卻無法控制自己的本性。假如人類繼續朝毀滅的道路走去，終將導致自我滅亡。

在找尋寧靜和諧的路上，世界領袖們想藉著國際協約來防止爭端。二次大戰後所成立的聯合國，就是爲了建立國際的秩序和穩定。或許它並不是解決問題的最佳方法，但至少國際間擁有一個運作的機構，提供各個國家以文明的方式來解決糾紛。但是，不同種族、國家、宗教之間的敵意、恐懼和猜疑，皆使和平共存的目標不易達成。在聯合國

中，無止盡的協商和政客的花言巧語，並不能阻止國家間的戰爭，停火協商一再破裂，國際間卻無力懲罰。在這樣的環境下，人們要如何找尋寧靜和幸福？當恐懼自心中升起時，人們是不可能擁有幸福的。

構築和平

假如我們將時間和精力浪費在矛盾和鬥爭之中，我們是無法獲得快樂而滿足的生活的。爲了擁有和平，我們必須放棄所有的鬥爭。一旦本心由鬥爭中獲得釋放，它將爲社會福利的工具，而非社會進步的絆腳石。無形卻擁有強大力量的心靈，將可促進人類的福利，而不是帶來苦惱和悲哀。

用刀將腫瘤切除，並無法治好疾病，流出的污血只會增加更多的腫瘤。所以，應找出疾病的根源並給予治療。同樣地，主導人類活動的心靈也需要平和、寧靜。所以，宗教導師所教誨的道德原則，能夠引導人們過著愛心、眞誠和公正的生活。

超越世俗享樂

宗教導師們總認爲，人類的幸福並不在於感官上的滿足與熱情，或者充份的物質享受，這個事實與人類經驗互相吻合。即使我們擁有全世界的享樂，若無法取得心靈上的寧靜，反而因天生的無知而產生焦慮和怨恨，仍然無法快樂。

衷心的幸福並不能以財富、權力、子女、名聲或創造發明來衡量。無疑地，這些事物對短暫的生理舒適有所幫助，但無益於最終的幸福。所以，不當的獲取這些感官的快樂，反而會成爲傷痛、歉疚和悲傷的來源。

眩目的燈光、悅耳的音樂、芬芳的香味、可口的菜餚和誘人的胴體，皆誤導欺瞞了我們，使我們成爲俗世享樂的奴隸。無人會否認感官的喜悅是種短暫的幸福，容易消逝。所以，人們必須了解感官喜悅易逝的道理。

假如快樂的先決條件是擁有物質享受，那麼，財富與幸福就成爲同義字了。這是事實嗎？一位不表同意的詩人寫道：

財富能帶來幸福嗎？
看看四週的人們是多麼地沮喪，
這是多麼壯闊的悲劇！
大量的金錢四處氾濫，

心靈因此被消滅。
然後，人們要求更多的財富。

財富無法熄滅慾望的渴求，假如我們一味地滿足本身獸性的慾望，我們無法快樂。但是，顯而易見地，世俗的感官享樂永無止境；因爲，當我們得到想要的東西後，我們會要求其他的享受。當我們的慾望無法得到滿足時，我們會變得不快樂。所以，感官上的愉悅並非是眞正的快樂。眞正的快樂來自於心靈上的無拘無束。因此，快樂的泉源並非來自感官的：只有在心靈不被外界干擾的情況下，我們才能找到它。

信心、道德、慷慨、誠實和智慧是世間不朽的寶藏。相反地，情感的依戀、怨恨和嫉妒降低了個人的品德；但是，善心和悲憫所帶來的喜悅和無私的態度，使個人變得神聖，甚至榮耀了生命本身。

人類保有內在寧靜的方法，是內化其思惟而非向外尋覓。我們應該注意不要掉入貪婪、怨恨和欺騙的陷阱中。學習著去開發、保存善心、愛意及和諧所帶來的力量。惡與善之間的戰場，存在於我們的內心，我們必須求取最終的勝利。這場戰爭並不使用武器，而是運用心靈來了解存在於內心的消極面和積極面。這樣的覺醒使我們由矛盾鬥爭中，開啓了健全的思想之鑰。

心靈是幸福和悲傷的根源。個人的心靈需要寧靜和快樂，才能得到人世間的幸福。個人的幸福有助於福利社會的形成，一個福利國家也將順勢誕生，充滿幸福的世界也就指日可待。

在生命的課題中，顯而易見地，鬥爭是無法產生眞正的勝利，矛盾也不能得到成功。在令人不快的情緒中，我們無法得到幸福。平靜不是來自財富的累積和俗世權勢的擁有。只有在抛卻了我們的自我，幫助這個世界回到愛的常態後，我們方能夠得到平靜。心靈的平靜可以征服任何負面的力量，它也有助於我們的心靈，使我們擁有幸福而滿足的生活。

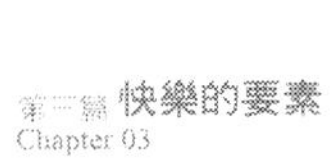

第十五章 道德：生命中的神聖和尊嚴

道德意識如同一道藩籬，保護了自家和鄰居免於被搶奪。

道德和倫理形成了理想社會、經濟、政治和宗教的核心。假如愛是生命的血液，那麼道德就是人的脊椎。缺乏道德的生命是危險的，但是，缺乏了愛人的心，生命將形同枯槁。生命的品質隨著道德開化而增長，當道德覺醒時，體內就會充滿了愛。既然人非生而完美，人們就必須經過努力才能發展美德。

道德的開發，是人生重要的一環。但是，人們常誤解了道德的定義，以爲公認的體面外表，如穿著、禮儀、矯柔做作和僞善就是道德。人們忘了這種傳統的道德定義是人爲的，受社會制約的，無法隨著時間改變，因此比較容易過時。適合當時氣候或場合的穿著，卻可能隨時變得不合宜。穿著完全是習慣的問題，並非深沈的道德課題。習慣不能與永恆的宇宙定律混爲一談。

語言使我們的思想和行爲產生差異，但它卻不能完全影響我們對事物的認知和理解。飲食習慣和宗教信仰仍然是我們知覺的指標，雖然一個人的價值觀時常掩蓋了事實的眞相。

由這些特殊的傳統、課題和渴望中，有些人相信只有他們的思想是正確的，而且依循此觀念來行事，這種本位主義是不健康的。認知和信仰乃是根據過去的經驗、日常需要和對未來的期望而建立起來。

道德是什麼？它是判斷正當行爲與否的標準和原則。在巴利文中，它是Sila，意思是道德發展的自我準則（戒律）。它意味著個人準則的建立並非來自對懲罰的恐懼，而是來自於追求純潔的動機——愛、獨立和智慧，了解自己和自我是一種幻覺。

馬來人有句俗諺：

你可以事先後悔；事後的悔恨是無益的。

當蘇格拉底遇見他的老師時：蘇格拉底年輕時去了一間妓院。當他正要離開時，看到他的老師正好經過。這個年輕人感到不好意思，想要偷偷地溜走。但是，老師走近他並問他爲何要避不見面。蘇格拉底說他對自己的作爲感到羞愧，他的老師勸告道：「你在有所行動之前，就該對自己感到羞愧了。那麼，你就不會對你現在的所爲感到羞

愧。」

罪惡毋需導師就可學成，
但美德的培養卻需要一位教師。
好的習慣難以養成，卻容易接受；
壞的習慣容易學會，卻令人難以忍受。

道德是獲得永恆祝福的第一步，也是心靈的基礎。少了堅實的基礎，人類無法擁有進步和心靈的增長。缺乏道德的個人不但瀕臨危險，也將危害週遭的人。只有在道德基礎已建立的情況下，人類才可能發展個人的心靈和智慧。這樣的努力可引導個人脫離低層次的生活，邁向積極的高層次心靈生活。最後，到達幸福歡樂的頂端。

學習過程需要實地練習才能進步；釋尊曾說過：「一個有智慧的人若不學習佛教教義，就如同色彩美麗的花朵少了香味。」美德的教導需要格言和實際例子，最佳的例子就是釋尊以豐富的熱情貢獻於人類社會。釋尊的道德和哲學應該要仔細研習和實行，最重要的是被人所了解。因此，只單純的獲取書中的知識而不加以理解，將無助於我們解決問題。

不要成為任何經典的奴隸：從前有個人，建立了一套宗教禮儀，人們皆尊敬他，視他爲有學問的人。有些人遵照他書中的指示來行事，經過數年後，這本書包含了愈來愈多的指示說明，並且建議信徒在做任何事之前，應先參考這本神聖的書籍。於是，信徒們皆將這本書當作日常生活的指南。有一天，當這位領袖走過一座木橋時，不小心跌落河中。雖然他的週遭有許多信徒在身旁，但他們卻不知道在這般情況下該如何做。所以，他們翻閱聖書找解答。

「救命！救命啊！」這位大師叫著：「我不會游泳！」信徒們說：「請等一下，大師，不要沈下去啊！我們仍在翻這本聖書，裡面一定有說明當你掉下水時，我們應該怎麼做。」

當他們還在翻書想要找到適當的方法時，這位大師已經溺斃了。

這個故事要傳遞的訊息是，我們不應被過時且保守的想法所侷限，以至忘了使用我們本身所擁有的知識，而應該運用一般常識，將聖經應用在日常生活之中。隨著環境的變遷，新的知識和發明不斷出現，我們必須學著適應它們，並且有責任地去使用它們來創造人類的福祉。

道德指引和年輕人

輿論皆認爲，今日青少年的道德感已經淪喪，當然這並非指所有的青少年，但確實有不少的人行爲叛逆，和對當今的社會現象產生困惑。他們的行爲和習慣違反了公共寧靜，使得愛好和平的無辜人們遭受凌辱和痛楚。

在某些方面，父母親必須爲這些青少年的壞習慣和缺乏關愛負責。現代心理學者鼓勵父母親對小孩寬容，但卻給予青少年過多的自由，使得他們爲所欲爲。通常，父母親花太多心思在追逐物質的滿足，卻忽略了孩子。爲了防止道德的沈淪，父母親有義務將世界上最偉大的宗教引薦給孩子們。

在教導道德倫理的過程中，採用何種宗教並不重要。任何宗教皆有一套道德準則來規範信徒，使人類過著文明的生活。同時，宗教可回饋社區居民對信仰的支持和尊敬。假如教徒間產生了歧視、敵意和嫉妒，那將是一件不幸的事。

保有善心還是行善？

撒哈迪斯在他的《佛教倫理學》中曾說道：「一般來說，道德有兩種解釋：⑴保有善心；⑵行善。」前者是眞正的道德，後者僅是爲了達到目的的方法。個人可保有善心，便可做善事。但是，很少人能保有善心。有些人表面上的舉止是有利他人，但實際上做的是利己之事。這種行爲的動機來自渴求晉升、祝福、進天堂或獎勵之故。或者，因爲害怕遭受懲罰下地獄而行善。以上這些善行皆源於自私的心態，所以佛教認爲保持善心方是眞正的道德。

承認自己罪行的人，勝過那些佯裝無罪的人。莎士比亞在他的劇作中表達了上述的理念：馬克白夫人慫恿丈夫殺死國王前，先將蛇蠍般的臉孔佯裝成純潔的玫瑰花般。對於在光天化日下犯罪的人，我們能夠輕易地找到。但對於僞善者的惡行，總是在事情變得無可救藥時，我們才發覺他們的企圖。

一個人雖然富有、幸運和享有往生善報，卻不具有美德與善心，就如同以積蓄爲生的人，一直從他的積蓄內拿錢來花用，卻不再儲蓄。當金庫耗光後，他將是精神上的貧者。對於他悲慘的景況，他該怪誰呢？神還是命運？都不是！他只能責怪自己。

對於人類而言，何者爲其行動準則？實在令人難以抉擇。在這種情況下，我們應該知道影響抉擇的準則，如同水也有其一定深度，輪迴也是如此。若給予適當的環境，輪迴將得到順其自然的結果，達到最高修爲。這是自然的演化，而非獎懲的後果。對於意志不堅強者而言，佛教的教誨有助於鼓勵他們向上，制止他們被邪惡所吸引。

哲學家桑塔亞納曾指出：「人生所面臨的最大難題，並非在善與惡中做抉擇，而是在善行與善行間做一抉擇。」當年輕時，我們並不能了解慾望之間有著許多矛盾。一個年輕男孩可以在面對未來的許多計劃時躊躇不前。但對成年人而言，他必須放棄許多計劃來完成他的責任。

對於情感的處理方式也是如此，我們可以諒解年輕人一再轉換他們的興趣，但若成年人的舉止如上述的年輕人般，此事就成爲一件笑柄。成年男子穿著屬於年輕人的休閒服，成年女人仍在爲洋娃娃打扮，皆是令人感到可悲的畫面。他們尚未學習到成長需要許多的犧牲，才能達到偉大的目標——這個目的地充滿了成熟的愛和完整的成就。

亞里斯多德說：「理想中的人類是樂於幫助他人，但卻為了他人幫助了自己而感到不好意思。」由上述說法可知，給予他人善意的行爲，通常被認爲是高尚的行爲，而接受他人的幫助卻是卑下的。但是，在佛教的教義中，無論是給予或接受，都不應有高高在上或矮人一截的想法，不應有祕而不宣的動機，也不應該有希冀物質或心靈回報的念頭。如此一來，我們的行爲動機將是純潔的，不包含一絲一毫的私心。

透過宗教來改造個性

樹木是經由本身的果實而廣爲人知；同樣地，眞正的宗教必須有永恆的結果。因此，透過它的結果，我們可以判斷一個宗教的價值。

當個人信仰某一個宗教時，該教義應該可以改進個人的行爲。倘若他仍如以往般貪婪、懷恨和善妒、不爲受苦者感到悲憫、受到輕微刺激即以刀刃相見，那麼，該宗教即不具有勸善的能力。

個人所信仰的宗教若只限於情感或崇拜，該宗教將不具有價值。除非，他的行爲舉止也因此變得彬彬有禮。但是，怒氣若仍存在於內心，外在的進步只是假象。

眞正能淨化人心的宗教，應該能讓我們了解到生命的本質，以及隨之而來的各種幸福。我們不但能愉悅地接受，當幸福離去時，也能坦然地承受結果。威廉・貝克進一步地說明這項事實：

能把握瞬間喜悅的人，

將永浴於燦爛的陽光中。

實踐教義能使個人由自身擁有的東西中，體會到心靈的轉換，而非一味地奢求夢中閣樓。表面的物質享受不能使個人變得神聖，只有內心的澄淨和模範的生活才有此種力量。特權、階級、膚色、財富和權力並不是做紳士所必須的條件。只有良好的特質能使個人變得偉大，值得人尊敬。

你的財富可以粉飾住處

但是，只有美德能裝扮自己

你的服飾可以點綴外在

但是，只有你的行為能夠代表你

道德的實踐不應該只限於個人，而是需要社會全體一致地實踐。若想擁有一個安寧的社會，人們不應省略心靈的修爲。人們或許認爲他們可以恣意行事不受懲罰，甚至採行電視所誤導的價值觀。但是，無人能規避行惡所得到的後果。由道德實踐者所組成的社會，才能夠得到寧靜。

除此之外，生活在和平、幸福的社會，居上位者更需確切地實踐道德規範，因爲他們的行爲舉止將影響居下位者。佛陀曾說：

一個國家的統治者若是公正且富善心，閣員們也會變得公正且富善心。當閣員們是公正且富善心時，將影響高級職員們。當高級職員們是公正且富善心時，下屬將受其影響。當下屬們變得公正且富善心時，全國的人民也將變得公正且富善心。

第十六章　你創造了自身的運氣和命運

傻瓜只是等待著幸運日子的來到。
但是，運氣卻常與他失之交臂，
唯獨本身才能創造自己的幸運。

——《闍陀伽本世經》

大眾常相信幸運有好壞之分，這是因為人們對佛教教義、世界局勢缺乏認識，而將自然的現象歸諸於運氣的好壞。根據佛陀教導我們的佛教律法，可知「善有善報，惡有惡報」。當一個人在過去或現在行惡後，在面對惡果時，他就不應該將之歸諸於壞運氣。相反地，他所經歷的惡果，正是肇因於他的惡行。任何了解佛教律法者都知道，相信運氣是錯誤的行為，因為他們知道惡果來自於過去邪念和不道德的行為。因此，他們知道幸與不幸皆歸因於生活態度，沒有運氣這回事，人們可以對自己的抉擇負責。

別怪罪於星象

雖然佛陀不否認某些行星對人們的影響，但意志薄弱的人常屈服於星象的力量。他們的想像力和恐懼，使星象的影響力加劇，而產生挫折和沮喪。但是，具有堅強意志、勇氣、才能、信心的人們卻能克服困難，不臣服於星象的影響。運氣和才能有著密切的關聯，他們皆根源於心靈的力量，這是每個個體皆可開發的潛能。

人們不應屈服於不幸，並以沒有好運氣爲藉口，也不應該允許自己成爲這些藉口的犧牲者，阻礙了物質及精神層面的進步。即使人們因爲業障而導致事業的失敗，他應該保持健康心理並多作善事，使其影響力減至最低。他可以以許多形式來行善，無論是心存善念或實際行動皆可不花分文。例如，他可以使自己變得仁慈、有耐心、有善心、肯去了解他人，這些皆是有價值的作爲。

佛教教義認爲努力是最重要的一環，它可以修正人性的邪惡面。在今日，努力實幹可使個人創造新的宗教，改變個人所處的環境。靠個人力量去改變因果報應是件可行之事。假如因自己的無能、無經驗或懶惰而導致失敗，他必須試著改進自己，學習如何克服失敗，而不是一味地怪罪於星象、惡魔或靈魂。了解自己的本性，承認自己是脆弱個

體，將是改造自我的第一步。

命運掌握在你手中

在釋尊的教義中，沒有所謂宿命這回事。假如我們驗證他人和自身經驗，將可以了解今日的不幸和痛苦，源自於我們昨日的錯誤行爲。

他人帶來的不幸：克里德沙是位著名的梵文詩人，生於西元三世紀，居住於印度。在他小的時候，他和母親住在一間和皇宮面對面的小茅屋。在皇宮的高牆內，有個種滿芒果的果園。在採收的季節，果樹因掛滿多汁甜美的芒果而低垂。當無人看管時，克里德沙就會爬過高牆擷取芒果。

有一天，當克里德沙又在偷摘芒果時，他並未注意到國王正從皇宮的窗口望著他。就在那個早晨，當國王在剝芒果時，不小心傷到了手，流了許多的血。於是，國王召喚巫師，想知道這個意外預示了什麼徵兆。

巫師想了一會兒，然後詢問國王是否曾看見什麼不尋常的景象。國王說他看見一個小男孩在皇宮內偷摘芒果。「陛下，您所看見的景象非常不吉利，這個男孩將爲您帶來惡運，」巫師這麼回答：「陛下，您必須馬上除掉這個男孩才好。」

於是，國王命令屬下將男孩帶到他的面前。這位可憐的男孩顫抖著，然後有人宣布國王看見他偷芒果，而這件事將為國王帶來惡運，並且問他在被處死之前，是否有任何話要說。

「皇上，我很遺憾為你帶來噩運，」克里德沙說道：「但是，今晨看見我偷芒果的人似乎也應該受罰，因為他也為我帶來了噩運。」這個回答使國王震驚，同時讓他了解聽信那些自稱智者的巫師們的解釋，不過使他自己看起來愚蠢罷了。國王因此對克里德沙印象深刻，將他收為養子。在皇室內，克里德沙發揮了他的文字才能，成為印度的著名詩人。

人類並非只是他所無法控制的宇宙棋盤中的兵卒，個人的命運無論好壞，皆是由自己去爭取、去創造。人們因自己的思想、語言和行為創造了自己的命運，他所給予自我生命的種種，遲早將回報到自己身上。他無法逃避他的行為所產生的後果。因此，不論現在或是未來，人們皆是自己生活的建築師，是命運的創造者。

塑造個人命運的因果報應絕非意味報應。在這種偉大的宇宙力量內，業障不代表懲罰。

大自然是公正的，它不會接受諂媚，也不接受請求。在適當的時機，我們將知道過去行爲的結果。因此，我們不是向上天大聲請求就可以得到好處。我們必須學著了解世界局勢的自然趨勢，以及平靜心靈所必須忍受的無常和不公正。

因果報應對個人命運的影響並非一成不變，因此，無窮的痛苦或永恆的祝福皆非佛教的眞諦。處在生死輪迴的任一環節都不是永恆的，只有自輪迴中解脫，達到涅槃的境界，才能得到永恆的幸福。

發展成熟心靈的過程，包含了自我訓練和道德指引、純淨心靈和對生命的正確引導，使之充滿了善心、和諧和無私的奉獻。各式的宗教提供不同的方法，教導人們如何由痛苦中得到解放。在佛教中，人們可藉由宇宙的道德律法和純化心靈來遠離痛苦。然後，他就可以不再依賴外界的力量，主宰自我的命運。

身爲人類，我們不應將精力浪費在哀悼過去或虛擲於怠惰和輕率間。否則，我們將失去了解生命目的的機會。同時妨礙了進步，使我們無法脫離痛苦。在有生之年，我們必須忍受心靈的痛楚依然行善。一味地虛擲光陰，不僅會誤導他人，同時我們在可貴的生命中，也將喪失有所作爲的機會。

某位哲學家曾說過：「命運即是我們先前努力的結果，我們先前的努力被稱作命運……，我們的成就經由努力而達成，因此奮鬥就是命運……，我們現在和過去的努力是不同的兩個方向，就如同兩隻公牛間的纏鬥。強者總是打敗弱者，……所以，無論是現在或是過去的努力，力量強大者主導了我們的命運。不論是何種情況，個人的美德力量決定了自我命運……，人類自己的想法決定了他的命運，他可以使不該發生的事情發生了。所以，只有人類的努力，才能創造事物……。因此，個人應致力改變不利於己的已知的命運。透過正當的奮鬥，能夠達到他所希望的目標。」

萬物皆美，但非人人可見。

——孔子

第四篇

快樂、成功生活的技巧

Chapter 04

第十七章　為他人的福祉犧牲自我

偉大的人總將自己的血肉之軀，奉獻於全世界的利益和福祉。

當人們被問及金錢或生命何者重要時，我們會得到各式各樣的答案。對一個小器鬼而言，金錢較重要。對一個有錢人而言，他的生命較重要。對一個偉大的人而言，他的理念較諸金錢和生命重要。但是，偉大的人可說是寥寥可數。有時，他們為了實踐理想，拒絕向環境屈服而遭到他人的迫害；蘇格拉底被迫飲鴆、耶穌被釘在十字架上、甘地遭人暗殺皆是最佳的例證。

偉人有一個共通點，他們皆運用其智慧、悲憫、權力、精力和知識，為人類創造利益和福祉。他們了解，若他人不能沾其雨露，他們也無法達到幸福的最高點。釋尊認為個人應先建立自己正確的價值觀，然後再教導他人，聰明人是不會做後悔的事的。

假如一個人將其聰明才智濫用於自私的慾望，那麼，按照佛教的觀點，他是疏於修身養性，這種自私的態度對他無益。諾貝爾獎得主艾伯特．史懷哲曾說：「只有知道如何奉獻的人，才能夠得到真正的快樂。」魯斯．史默澤寫道：

有些人以日子來計算生命，
有些人以心臟跳動、熱情和眼淚來測量。
但是，太陽底下最正確的測量方法，
是你這輩子為他人貢獻了多少心力。

許多人認爲犧牲即意指較原計劃奉獻更多，實際上，這件事並非光指個人對價值觀的認知和不自私的程度。當人們知道，他人的需要較一己之需重要時，他會將自己的事情放在第二位。下面有個眞實的故事可說明這個論點。

幫助他人抑制悲傷：從前有位醫生開了間免費的診所，爲窮人一星期開放一次。某天，有個人衝進診所，告知醫生他最喜愛的小兒子死了。雖然爲此感到沮喪，這位醫生還是繼續他醫治病人的工作。

知道這件事的人，都對醫生冷靜的行爲感到訝異。當被人問及此，他解釋道：「我的兒子已死，我無力救治他。但這些貧病孤苦的人們卻需要我的治療。我知道我可以爲他們做些事，所以，我抑制了悲傷來幫助受苦的人們不是更好嗎？」

行善並非是種責任，它是一種權利，可以讓我們擁有健康和幸福。

——札拉斯特

對所有的人仁慈

有時，人們會對他人的苦難視而不見，甚至故意加深他人的痛苦。看到他人受苦而感到高興，是人類極不文明的想法。假如自己不願受苦，那麼我們有何權利去加重他人的苦難。釋尊說：「自愛者將不會傷害他人。」

你願意他人如何對待你，你也應該照此去對待他人，這是所有宗教導師都贊成的金科玉律。人們經常忽略一項事實：對每個人來說，生命都是非常珍貴的。但是，回顧人類的歷史，充滿了屠殺、血腥和折磨，由此可見人們是多麼的冷漠，不尊重生命本身。甚至，對某些人而言，殺人已經成爲一種習慣、嗜好。這樣的次等人使人類的歷史充滿了血腥。因此，許多人認爲人類的歷史是一段精神異常、非人性的歷史。

「己所不欲，勿施於人」，是個歷久彌新的俗語，在此我們要加上一句「己所欲，施

於人。」人們應該實踐這些俗語，以克服人類自私、自大的天性。

更專注於自身的責任：有些行善的人為了他人之事而日夜奔波，甚至惹上麻煩。你是否聽過有關驢子的故事？

從前有個人養了隻狗和一隻驢子，有天晚上，狗吠叫個不停，使得主人無法入睡，於是他將狗痛揍一頓。接下來的一整天，狗都躲在角落裡，一付不痛快的樣子。偏偏那天晚上，有幾個賊潛入屋內，狗卻故意漠視本身的職責而保持沈默。驢子待在外頭看到這一切，牠對自己說：「看啊！我的主人在睡大頭覺，而小偷正在打劫，狗卻連管都不管，我必須馬上代替狗的責任，盡我所能地大叫。」驢子出於善意，來做非牠本份之事。主人被吵醒了，大叫：「怎麼了？昨晚是那隻狗，現在又輪到這隻愚蠢的驢子。」說著他就下了床，在盛怒中拿起鞭子一直抽打驢子，使驢子痛苦不堪。於是，牠得到教訓，也感到悔恨不已，說道：「自作主張去做別人份內之事者，活該挨打！」

慈悲心的內涵

生命是彌足珍貴的，當人們感到生命即將被剝奪時，他們會因恐懼而退縮不前。他人也和我們一樣不希望死亡的來到，甚至不願想到死亡這件事。所以，我們不應殘害或找藉口去殺害任何生物，不論是多麼微小的生物。我們應該敞開仁慈的心房，爲比我們不幸的人著想，試著去幫助他人。

釋尊教導我們，不可以故意去傷害任何生物，假如社會上人人皆抱著慈悲、感激之心，願意隨時回報他人，那麼人與人之間充滿和氣，人類社會將變得寧靜，使人樂於居住。人際關係就如同雙向道般，有著一報還一報的準則。當愛與尊敬在私底下和公共場合皆被人們實踐，衝突和誤解將消失於無形。

我們應該多去幫助和服務他人，同時，我們應該強化本身了解事物眞相的能力，方不會被事物表面所矇蔽，這種訓練可以藉由本身的常識達到。當我們試著去幫助他人時，我們應該確實了解想要幫助的對象和他的態度。如此一來，我們才能給予他們最適當的照顧。

當心你要幫助的對象，有些無辜者常因幫了邪惡的人而引來麻煩。雖然宗教鼓勵人們幫助他人，但是，是在了解狀況下才可以進行。

當心邪惡的人：從前有個人，看見一隻老虎被網子抓住了，老虎請求這個人放了

牠。這個人說：「不，我放了你的話，你會吃掉我。」但是，老虎一直哀求，並答應這個人牠會永遠留在他身邊保護他。這個傻子相信了老虎，把網子解開了。不用說，老虎一下子撲到這個人身上。這個人與老虎纏鬥並大叫救命，這場騷動引起了一隻狐狸的注意，走過來看發生了什麼事。這個人告訴狐狸他解救老虎的經過，而老虎也說這個人是心不甘情不願地救牠。當他們爭執不休時，狐狸說道：「嘿！等等！我搞混了。假如你們要我做裁判，我必須知道事情是怎麼發生的。現在，我想要知道當你走過來時，老虎身在何處？」這個人開始解釋，但狐狸卻制止了他，「我仍然不明白，讓我看看老虎是怎樣被網子逮著地。」於是，這隻笨老虎又再進入網子。當狐狸確定這隻野獸再度掉入陷阱時，牠轉過身對這個人說：「現在你可以走了，以後要當心那些邪惡者信口開河、無心遵守的諾言。」

真正的勝利

今日，人人皆試圖操縱他人，人們盡全力爭取金錢、權利和地位，無非是爲了控制別人。我們應該了解征服自己更爲重要。釋尊曾說：「控制自我勝過控制世界，對世俗享樂的自制，勝過全世界的財富。」每個人應該試著控制自己的憤怒、嫉妒、傲慢、貪婪和其他缺點（貪、嗔、癡、慢、疑）。勇氣、決心和毅力等建設性優點，需要自我控制才能得到。

在甘地被暗殺的前幾個禮拜，他的一位訪客問他：「為何在他孱弱的身軀內，擁有這麼多的勇氣？」甘地回答道：「勇氣是心靈的一部份，並不屬於肉體。」

雖然一個人必須在戰爭中征服數千人才能獲得勝利，但是，征服自我的人，方是最偉大的征服者

——釋尊

假如我們能夠克己，他人將會因此而信任並尊敬我們。釋尊便是先征服自己，再以他的愛心、慈悲和智慧征服這個世界。因此，他廣為佛教徒和非佛教徒所尊敬。人們必須了解到自己才是自我命運的主宰，自己的快樂和悲傷是自己所造成的。因此，了解到這點後，我們必須調整自我，才能得到寧靜且值得他人尊敬的生活。為了達到這個目標，我們必須從一個理性、中庸的宗教中找尋必要的保護和指導，這個宗教能夠使我們自由地思考，而不是一味地盲從。

人們必須了解他所得到的後果，來自他的所作所爲。假如不能掙脫出負面的情緒，他將會面對不斷的危機。當心中存有不好的念頭時，他必須以智慧控制心思。唯有教化的心靈，才能擁有快樂健康的舉止、言語和想法。在《佛的靜思》這本書中，令人尊敬的法依拉那博士寫道：「假如能夠充份的冥想或修身養性，隨之而來的慈悲心，將成為我們行動的助力。也就是說，善意在心中擴散時，必須付諸實行。」

人們所處的世界被多種力量所操縱，我們必須了解世界局勢，以便調整自己的生活，使自己能夠面對和克服難題。如此，方能了解自己在這個社會的位置，並和自然律法及其他人類和平共處。這個世界混亂不堪，是人類所造成。但是人類可以激發憐憫心和建設性的行爲，來改善環境的品質。如此一來，人們不僅使自己心靈成長，也有助於增進人類的福祉。

人類的價值

藉佛教來發展人類的價值觀，是一件簡單之事，以下是基本原則：人們必須努力工作而且誠實待人，不可以浪費時光，偷懶會導致一事無成。即使是睡眠，也必須有所節制才有益健康。不可藉口天氣太冷或太熱，延後原來的計劃。必須以誠實和積極的心去做事。根據記載，釋尊是世界上最有活力和積極的宗教導師。在他爲人類服務的四十五年光陰中，平均一天只睡兩個小時。他周遊全國，教導人們如何擁有崇高的生活。

長壽的生命並不一定夠美好，但是，一個充實的生命卻是永恆的。

——班傑明．富蘭克林

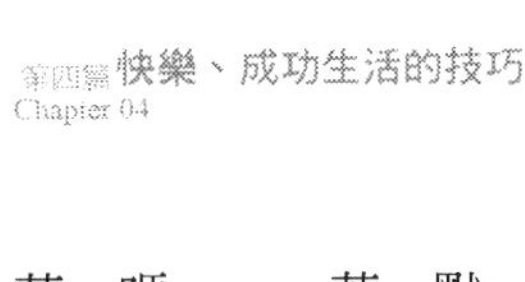

第十八章　有禮貌的言談

說得太多是危險的；
沈默可以避免不幸。
愛說話的鸚鵡，其籠門永遠無法打開；
不會說話的鳥兒卻能夠自在地飛翔。

——瑜伽行者

從前，有四個好朋友相互約定保持沈默，以靜思來度過七天。第一天大家皆保持沈默，在靜思中度過。但是，當夜晚來臨時，油燈因缺油而開始閃爍不定。僕人在一旁打著瞌睡，於是其中一人忍不住對僕人說：「幫油燈添油。」

第二個友人聽到第一個人說話時，嚇了一跳，於是說道：「我們不應該說話，記得嗎？」第三個人說道：「你們兩個人眞笨，爲什麼要說話？」第四個人小小聲地抱怨著：「我是唯一沒有說話的人。」

人們藉著言語和文字的相互溝通而超越其他生物，建立了偉大的文明和複雜的社會系統。他不但可以和當代的人溝通，也可以將思想訴諸於文字，在他死後的遙遠年代，仍可以和後世溝通。

在現代社會，溝通在人際關係中扮演決定性的角色。自出生起，我們內心就有和他人談話、溝通的慾望。倘若善加利用，語言對我們幫助很大。但是，通常我們來不及細思就脫口而出。就像先前故事中的四個朋友一樣，我們常為說出的話感到後悔。但是，話已出口不可能收回。或許，我們會為此道歉，但是傷害已經造成。

有位作家曾經說過：「語言是思想的外衣，不應該帶有過度的憤怒和骯髒。」

錯誤的語言

顯而易見地，人類是萬物中最大的說謊者。你一定目睹過謊言、不公正的談話、挖苦人的話、閒言閒語和流言所帶來的麻煩和動亂。

有些人靠著圓滑而狡猾的話欺騙無辜的人們，卻能遠離懲罰。所以，與他們打交道時，應該學聰明點。

水牛的腦子出了什麼問題？有個古老的故事，談到一隻獅子渴望吃到美味的水牛肉。但是無論牠多麼努力，卻老是逮不著這頭水牛。所以，牠決定運用牠的狡猾來達到目的。牠召來狐狸當助手，並對狐狸說：「我不知道我和水牛兄爲何要相互仇視，請轉告牠，從今以後，我決定當個素食者，同時邀請牠到我的洞穴來分享食物。」

狐狸找到水牛，並轉達了這個消息，剛開始水牛感到狐疑，但狐狸極力說明獅子是誠意的。終於，水牛被說服了。牠到了獅子的洞穴，被體貼地款待後，牠不知不覺地睡著了。獅子可不浪費時間，轉瞬間牠撲到可憐的水牛身上，一口咬死牠。

獅子最喜愛吃水牛的腦，然而由於這陣撲殺而感到睏頓。所以，牠決定先睡一覺，叫狐狸好好看管著獵物。當然，狐狸也覬覦水牛腦許久了。所以，當獅子睡著後，牠打開水牛的頭蓋骨，大啖起美味的牛腦。飽餐後牠將頭蓋骨有技巧地放好，裝著一付無辜的臉孔等著獅子醒來。

獅子睡醒後，迫不及待地想繼續吃那美味的水牛腦。但是，當牠發現裡頭空無一物時，心中充滿了訝異和憤怒。盛怒之下，牠要求狐狸解釋。狐狸的回答是：「主人，頭蓋內空無一物的原因，在於水牛本來就沒有腦。假如牠有頭腦，還會掉落到你的陷阱嗎？」

釋尊認爲，錯誤的言談（語業，即口所說之業也）有四種：

第一種是說謊（妄言）。當人們身處法庭，或在親友的公司內任職時，雖然不知道事情的答案，他卻常說：「我知道。」知道答案時，卻又常說：「我不知道。」爲了使自己得到小小的利益，他不惜說謊。

第二種是反咬他人（綺語）。當一個人心思飄搖不定時，他常散佈謊言導致團體的分裂。不顧友誼，不做和事佬，在爭吵中感到快樂和興奮。甚至以言語刺激他人，使人們相互爭吵。

第三種是嚴厲的言談（惡口）。這些話不但無禮且自大，還讓別人感到難過。人們總是爲了最小的錯誤去指控別人，卻對別人的善行一字不提。有位作家曾說：「當我是好人時，人人皆忘了我的存在。當我做了壞事，人人皆記起了我。」

第四種是胡言亂語（兩舌）。它的內容是無的放矢，談論沒有根據的事物。它不但不合時宜、不體貼、放縱，而且對任何人都沒有好處。

下回我們在開口說話時，必須先想想。如此一來，可以使我們避免爭端和傷害他人。在話說出口前，我們必須分析我們的想法和意圖。不僅要知道我們即將說些什麼，也必須知道理由、時間、場合，並以合適的方式來表達。

一個聰明的人知道，慎言可使人避免不必要的麻煩。有句俗話說：「假如魚知道何時該閉上它的大嘴巴，它就不會被魚鉤抓住了。」以下的寓言可說明這個事實；

患感冒的狐狸：從前有隻年老而饑餓的獅子，因爲體弱而無法出外狩獵。牠有一隻狐狸助理，服侍牠多年。在極度飢餓的狀態下，牠決定吃掉狐狸。但是，身爲百獸之王的牠，可不能這樣就吃掉牠的助理。於是，牠決定找個適當的藉口。

牠喚來狐狸，然後說：「狐狸！我要問你一個問題，你必須給我正確的答案，否則我要殺了你。告訴我，我現在身上的味道聞起來舒服還是噁心？」狐狸明白這是個陷阱，假如牠說獅子聞起來很臭，獅子會感到侮辱然後殺了牠。假如牠說獅子的味道令人感到舒服，獅子可以說謊的藉口殺了牠。

所以，狐狸經過一番深思熟慮後回答：「我恐怕你問這個問題的時機不對了，你看到了，我患了重感冒，鼻塞得很嚴重。所以，我眞的無法告訴你我的感受。事實上，我怕我會把感冒傳染給你。所以，出於對你的關心，我要離開你遠遠地。」

聰明的人知道在何時說些適當的話，才能不使自己掉入邪惡的陷阱中。

憤怒的字眼可能會帶來令人不快的後果。一個能掌握環境的人，不會使自己輕易地陷入爭吵，或產生不智的行爲。永遠記得一點：當你的理智失去平衡時，你就失去這場戰爭。冷眼旁觀自己對別人所造成的影響，的確是件快人的事。當別人無法使你生氣時，他們會愈來愈急躁，然後他們才知道你是眞正的贏家。把握機會去認識人性；當人們發脾氣時，看起來是多麼地愚蠢啊！同樣地，你應該知道自己生氣時，看來是多麼地愚蠢。

在緊張的情勢下保持理智

聰明的舉止，可以使我們避免爭執。有時說的一些話或做的事令人惱怒，而使得情況變得劍拔弩張。有些人會採取強硬的態度，提高了嗓門，使得每個人心跳加速。在這樣的情況下，我們應該運用機智，緩和緊張的情勢。

假如我沒瘋，我怎麼能夠說你也瘋了？有個脾氣暴躁的老人。他的心情轉變非常快速；上一秒鐘他可以因一個笑話而大笑不止，下一秒鐘卻因故大發脾氣。當他去拜訪朋友時，常常發生這種情況，每個人都因他的行爲而困擾不已。有一天，他的一位朋友說或許他心態有問題，才會產生這樣瘋狂的行爲。當他聽到這番話，這位老人變得非常生氣。他跑去質問這位朋友：「爲何你說我瘋了？」他看起來非常嚴肅，隨時準備大吵一架。

這位朋友明白自己不該說這句話，但現在該怎麼應付呢？這位朋友是個虔誠的信徒，他並不喜歡使衝突升高。於是，這位朋友忽然回答：「你知道我也瘋了嗎？我親愛的朋友，假如我不是瘋了，我又怎麼知道你也瘋了呢？」聽到這番簡潔的外交辭令，這位老人大笑起來，一個可能發生的嚴重衝突也就消弭於無形了。

在爭執中，不易發現眞理。一個懂得修辭的人，能夠爲自己的利益，順勢將對手的觀點摧毀，使得眞相轉向、扭曲而隱藏不見。激烈的爭辯並不能夠帶來任何益處，激烈的爭吵或以不當言語傷害他人，皆會隱藏事實的眞相。劇烈爭執中的人，通常防禦心特別強烈，不但不容易查覺本身的錯誤，也會忘了問題的本質。

另一方面，當某些狡猾的人明瞭他們無法爲自己的錯誤找到藉口時，他們通常會指控對方的短處，或者，以其他的理由使對方轉移注意力，甚至忘了原先的指控。

假如我們要明瞭眞相，必須保持冷靜和別人討論。當我們慢慢地說話時，我們可以控制自己的脾氣。當我們被激怒時，我們必須保持警惕心，不可以使自己陷溺其中，甚至產生盲目而愚蠢的行爲。我們不可以被憤怒和怨恨所左右，以至於做出無益的舉止。我們必須掌握局勢，不爲局勢所控制。這是個人能夠自我控制的證明，沈默勝於愚蠢的行爲。

不幸的是，某些沒有教養和心胸狹窄的人，在面對誤解和爭執時，通常以種族、階級或膚色的相關毀謗性字眼來侮辱他人。這種令人不悅和不健康的態度，不但使人終生帶著敵意和怨恨，甚至導致了暴力和流血事件。

注意自己的想法

明瞭人類心智活動本質的人認爲，一旦想法形成了，無論好壞，它將永植於心中。對於這種論點，頗值得我們深思。對於各種想法所可能造成的影響，我們應有所選擇，以便確立本身的價值觀。

想法外現於言語

言語將之付諸於行為舉止
行為舉止將成為習慣
習慣內化為性格的一部份
所以，關心我們本身的想法，及其形成背景
讓我們的想法源自於愛
因關心萬物生靈而存在

以上的話，反映了釋尊在二千五百年前曾說過的話：「我們即是本身所想的模樣，一切行爲來自內在的想法，這些想法使我們造成今日所處的世界」。以下的詩句具有永恆的價值：「真理存在於過去、現在和未來。」

我們應養成隨時注意言語的習慣，然後，我們可以分辨何者是挑釁的言語，何者是可以讓別人快樂的話。透過自我意識，我們才能對本身的想法、言語和舉止作一番評價。控制了想法，就控制了言語。控制了言語，就控制了行爲。當所有的感官都獲得了控制，人們將變得無害而神聖。

培養說話的技巧

將我們的舌頭視爲僕人是非常重要地，而我們是主宰舌頭的主人。舌頭照命令行事，說些我們想要說的話，而不是它要我們說的。不幸的是，對大部份人而言，舌頭變成主宰，而人們變成舌頭的奴隸；人們必須聽聽舌頭說些什麼，人們似乎無法命令它的擺動。這般缺乏控制，總會釀成大災難。

有些人經歷了說錯話所帶來的不愉快後，決定保持沈默。他們捍衛了舌頭，不使邪惡的話脫口而出。但是，身處這個社會，我們能夠一直保持沈默嗎？

保持沈默或說話皆無法逃避問題：從前有位僧侶，他的徒弟是個懶蟲，老是睡到日上三竿。有一天，他叫醒徒弟，並對他大叫：「你還睡，連烏龜都已經爬到池塘外邊曬太陽了！」就在此時，有個人想要抓些烏龜給母親醫病，他聽到僧侶的話後，就趕到池塘邊。果然，有許多烏龜正趴在太陽底下。他抓了幾隻烏龜，爲母親燉了湯。爲了感謝僧侶的建議，他帶了些烏龜湯給他。僧侶卻對烏龜的死感到愧疚，於是發誓不再說話。

過了些時日，這位僧侶正坐在寺廟前，看見一位盲人朝著池塘走了過去。他原本想

要叫盲人不要再往前走，但他記起了他的誓言，決定保持沈默。正當他的內心在交戰時，盲人卻已經掉到池塘裡了。

這件事讓僧侶感到難過，才明白人活在這個世界上，不能一味地保持沈默或喋喋不休。我們必須使用智慧，才能生存在這個世界。

說話的藝術在於輕聲細語有禮貌，不可以莽撞無禮。假如我們要避免爭執或批評，就必須學習在適當的時機說適當的話。

說出事實是件重要的事，但是，假如你要說的事實會令人感到不快，就得放聰明些。

第十九章　慈愛的價值

或許我們不是聖人，無法去愛敵人。但是，為了我們的健康和幸福，至少讓我們學會諒解。

——戴爾・卡內基

一位吃人的女巫，極力想追捕一位聖人的女兒和她的嬰兒。當聖人的女兒知道釋尊在寺院宣揚教義時，她去拜訪佛陀，並將她的兒子放在他的腳下，請求他的祝福。那位吃人的女巫原本被禁止進入寺院，但在釋尊的示意下，女巫也獲准入內。釋尊同時爲吃人的女巫和聖人之女賜福。

釋尊說她們倆的前世中，有一人一直無法懷孕，所以她的丈夫娶了另一個女人。當大老婆知道另一個女人懷孕時，她將藥放入食物中，使另一個女人流產了。她一再使用這個伎倆，直到第三次使得會懷孕的女人因此而死亡。在死之前，那位不幸的女人在盛怒下，詛咒她將報復大老婆和她的後代。

因此，他們因過去的競爭中所引發的不和，導致世世代代帶著仇恨，相互殘害對方的嬰兒。女巫想殺死聖人之女的嬰兒，只不過是深植心中的仇恨的延伸罷了。仇恨只會帶來更多的仇恨：只有愛心、友誼、諒解和善心能消弭仇恨。在明瞭了她們倆的錯誤後，她們接受了釋尊的勸告，決定和平相處。

這個故事告訴我們：人們若帶著仇恨的心，死時仍會將仇恨帶到下輩子去。

愛心和善意

假如我們擁有正確的心靈態度，便有助於增進快樂。愛是快樂之鑰。人類皆有給予和接受愛的天賦，我們內心天生就充滿愛。

愛對他人而言是無價之寶，透過愛，我們可以給予需要愛的人溫暖。愛與被愛的人，比遠離愛的人幸福。我們付出愈多的愛心，就會得到更多愛的回報，這是永恆的因果關係。

在釋尊的教義中，心懷愛心勝過擁有一份好的工作。愛可釋放心靈，無論多好的工作，都不及擁有一點點的愛，擁有一顆愛人的心，可以輕易獲得一份好工作。這樣的愛能夠散發光芒，照耀大地。

愛是大自然最有力的工具之一；強而有力的愛是形成社會的黏土和水泥，也是宇宙的靈魂和生命。愛是全世界最珍貴的東西。無論你過去和現在是多麼地不快樂，你仍然可以在未來獲得快樂。愛是快樂之鑰，而你是那把鑰匙的擁有者。記得，愛必須由本身做起。擴展你的愛心，對所有的生物存有憐憫心。那麼，你會得到許多愛的回報。有時，告訴某人我愛你是件冒險的事，但回報卻是極富價值的。

灌溉愛心

對於愛的定義因人而異，根據釋尊的說法，愛不是為了滿足私慾而依戀某人或某物。愛應該是不間斷地自我犧牲，對萬物充滿慈悲。釋尊曾說：

讓人們不再相互欺騙，
不再互相輕視。
在憤怒或意志薄弱時，
也不會相互傷害。

愛就如母親般；即使是冒著生命危險，
也會極力保護她唯一的孩子。
所以，讓人們培養無止境的愛心。

愛猶如泥土，使萬物生長。它豐富了人類的生命，不給予絲毫的限制和牽絆。愛提昇了人性。愛毋需花費分毫，愛應該是沒有選擇性的。或許有些人會認爲愛是一種獲得，但它基本上是一種付出的過程。

在培養愛心和善意時，應該由家中做起。父母親之間的情感，影響家中氣氛甚鉅，家中成員因此感受到愛、呵護和分享。夫妻間應該相互尊敬、謙恭和忠誠。

父母親對子女有五項責任：不可做壞事，樹立好榜樣，讓孩子接受教育，支持、諒解孩子的戀愛或者爲他安排婚姻，在適當時機讓孩子繼承家中的財產。

另外一方面，爲人子女者應榮耀父母，並善盡爲人子女之職責。他應該服侍父母，珍惜家族血統，保護家庭的財富，以父母之名行善，在父母過世後，以莊嚴態度來紀念他們。假如夫妻、父母親和爲人子女者皆遵從佛陀的勸告，家庭中將充滿快樂和平靜的氣氛。生命是由種種小事組合而成，習慣性地微笑、善意和盡義務，將使我們的心靈獲得快樂。

一個有愛的人會擁有慈悲心，我們應該養成習慣，去幫助身陷困難或比你們更不幸的人。我們不應該只是在情感上為他人感到悲憫，應該將這種情感化為實際行動。愛心和善意擴大並不意味著贈予，而是表現慷慨和有禮的精神。善意是一種盲人可見到、聾者可聽到的美德。在這個世界，有人需要你用言語去安慰他，他會因你的出現而感到愉快且朝氣蓬勃，他會因你的幫助而脫離苦海。無論你的存在是多麼地不明顯或不重要，你對人類而言，是項珍貴的資產。所以，你不應該為此而感到沮喪。甘地曾說：「你的善行多半是不顯著地，但是，重要的是，你做了。」

尋找四週比你不幸或不健康的人，然後盡一己之力去幫助他們。我們應該不斷的培養仁慈心、愛心和善意。凡是世上的人，皆有被欺騙的經驗，你也不例外。假如你被人欺騙時，不用感到羞愧或侮辱。但是，假如你欺騙他人，就是件可恥的事。對那些對不起你的人，千萬不要存有報復之心。

有時，你所在乎的人似乎對你漠不關心，你會因此感到心情沈重。但是，這不是沮喪的好藉口。既然你堅信你對他人含有慈悲心，別人的忘恩和不在乎當然也無關緊要。

當內心有愛時，
四週將環繞著光明。
當內心有愛時，
每一句話都含有歡樂的氣氛。
當內心有愛時，
時光將輕緩、甜蜜地流逝。

今日，感激是種少見的美德。為了我們自己的快樂，不必期望我們的行爲要獲得他人的感謝。假如心存此念，我們將爲之沮喪和苦惱，假如榮譽和感激隨行善而來，我們要處之泰然。假如情況並非如此，我們也不要在意。

第二十章　容忍、耐心和滿足

生活在這個世界上，無法容忍不同種族、宗教、傳統或膚色的人，就像是身為愛斯基摩人卻厭惡雪一般。

忍辱是佛教道德中一項重要的美德；因爲它能使人遠離麻煩，所以我們應該培養容忍性。同時，它能夠幫助我們去了解他人的問題，避免說出毀滅性的評論，使我們知道聖人也有犯錯的時候。另外，我們也會了解鄰居們所犯的過失，在我們身上也可以找到。

一個心靈開悟的人，或許較他人有更大的容忍性。一個能容忍的人，不會干涉他人思想上的自由，因爲那是與生俱來的自由。他不會輕易地被激怒，即使不同意別人的觀點，也會承認他的觀點可能是正確的。假如他認爲別人有錯時，他會試著說服他人，並且藉說理來告訴別人錯在那兒。但是，他不會強迫他人接受他的觀點。

人際關係的最大悲哀之一，是人們無法容忍不同的意見。假如在宗教教義中，不同信仰的人無法像文明人般站在平等的立足點上，那麼，所謂有慈悲心的傳教人是徹底地失敗了。在平等點上，我們才可以討論和交換相同的意見，同時容忍不同的觀點。當某些干擾產生時，我們必須知道如何克服他們，使情況不致惡化。

如何避免騷動不安：從前，某村莊的村長有個壞脾氣的父親。每一次老人發脾氣時，他就會衝出屋外，大聲地責罵他的兒子。雖然全村的人都知道他的脾氣，但他易怒的脾氣常常將情況弄得很窘，而且令其他的村人感到困擾。

有一天，村長將一個鐵製鈴噹掛在屋外，命令村中的男孩每當他的父親罵他時，就敲鈴噹。鈴噹的噪音惹來他人的注目。不久，這位老人了解自己愚蠢的行爲，便不再罵他的孩子了。

耐心

在我們的日常生活中，必須忍受許多事；我們必須忍耐精神上及肉體上的各種痛苦，我們必須面對擔憂、挫折、沮喪和各種可以想像的恐懼。知道如何處理痛苦對我們有益，因爲許多肉體上的不適來自於錯誤的思惟習慣、不健康的心靈態度和不必要的焦慮。在這般情形下，試著有耐性點是有益的。

耐心是信徒可資模範的特質之一，誠心、善解人意和溫柔有禮也會因而產生。擁有以上四項特質的人，被公認爲值得尊敬的人。

追隨釋尊的模範：有一次，一位婆羅門（印度四大階級中之最高者）以供齋名義邀請釋尊。但是，當釋尊來到他的屋內時，他不但不款待釋尊，卻用鄙薄的言辭連續地問了一堆問題。

釋尊禮貌地詢問他：「曾有人來拜訪你嗎？」

「是的！」他這麼回答。

「當他們來時，你如何款待他們？」

「哦！我會準備一頓豐盛的大餐。」

「假如他們不願出席呢？」

「不可能吧？我可是很歡迎他們！」

「婆羅門先生，你以供養的名義邀請我來，卻以我無法接受的侮辱態度來招待我，請你收回去。」

釋尊並不是在報復，只是客氣地回報婆羅門。釋尊勸告我們不要心存報復：「怨恨並不因怨恨而終了，而是因愛而終止。」

從來沒有宗教導師如釋尊般，被人們極力地推崇，卻也被人們嚴厲地批判、辱罵。但是，這不過是這位偉人的命運。

在法會中，一位名叫辛卡的厲害女人，假藉懷孕之名指控釋尊。但是，釋尊始終有耐心地忍受著這種侮辱，最後證實他是清白的。

釋尊曾經被控謀殺一位曾受其門徒幫助的婦人，佛教徒從未如此嚴厲地批評釋尊和他的門徒。於是，門徒阿難懇請佛祖離開這個村落。

「爲什麼呢？阿難！假如其他的村人也辱罵我們呢？」

「那麼，我們再前往別的村子吧！」

「阿難，這麼一來，整個印度將沒有我們容身之處。有耐心點，這些沒有根據的辱罵將會消失。」

有一次，一位名叫瑪格狄亞的閨女，她無知的父親希望她能夠嫁給釋尊。但是，釋尊對她美麗的外表卻表現得很冷淡，使得瑪格狄亞非常討厭釋尊。因此，她雇了一個酒鬼，在公共場合中侮辱釋尊。釋尊鎮定地面對這個侮辱，但是瑪格狄亞卻得爲她的惡行感到不安。

侮辱是人類必須面對和忍耐的尋常事，我們修行愈深，變得更偉大，卻也必須忍受這種羞辱。

耐心的力量

在心靈獲得解放後，釋尊的門徒賓頭羅回到他的故鄉拘睒彌國（Kosambi），爲了回報那裡的人們對他的善行。在一個炎熱的夏日，賓頭羅來到卡札比的外圍，並在印度河邊的樹蔭下沈思。

同時，尤達那國王（King Udena）也帶著妻妾去那兒遊玩，經過一番嬉笑娛樂後，他在另一棵樹下小憩。當國王在睡覺時，他的妻子們和侍女四處漫步，然後來到賓頭羅沈思的地方。他們尊敬他，請求賓頭羅教導他們。

當國王醒過來時，他跑去找他的妻妾們，發現他們都在聽賓頭羅講道。國王一向善妒好色，因此他對賓頭羅發脾氣並辱罵著說：「身爲一位聖徒，你卻坐在女人堆中，和她們打情罵俏，你無法爲自己辯解了。」賓頭羅只是靜靜地閉上眼睛，保持沈默。

這位生氣的國王拿著劍威脅賓頭羅，但這位聖徒卻如岩石般不爲所動。他的舉止使得國王更加生氣，於是他打壞蟻窩，將爬滿螞蟻的泥土丟到賓頭羅身上。但是，賓頭羅仍坐著沈思，靜靜地忍受這種痛苦和侮辱。

最後，國王對自己的所作所爲感到羞愧，請求賓頭羅的原諒。這次的意外事件，使釋尊的教義得以在皇室中宣揚，並擴及於全國。

恆持耐心，因爲憤怒只會使人陷入死胡同。當我們感到憤怒時，肉體會受到傷害，心靈也會受到干擾。刻薄的話如同離弓的箭，一千句道歉的話也無法恢復原來的情況。在盛怒時，千萬不要說刻薄的話，因爲它是無止盡的麻煩的開始。培養耐心，否則那些情緒的破壞力將使我們犯罪。

我聽不見你說些什麼：有一次，釋尊的大徒弟舍利弗被一位婆羅門侮辱。但是，那些辱罵性的字眼絲毫不影響這位令人尊敬的舍利弗，婆羅門變得愈來愈生氣了：「你沒有聽見我剛才說的話嗎？」婆羅門大叫著：「你難道沒有什麼話要說嗎？」

舍利弗對著婆羅門微笑著說：「我的朋友，我聽見你大聲而清楚地叫著，但是我知道你所說的話都是無益的，所以我聽不見你在說些什麼。」

忘記所有的邪惡和侮辱，記得所有的善行。這個世界已充滿了太多的憎恨，讓未來的世界充滿著善心、慈悲和智慧。佛教並不是以硬性的規矩來教導人們應付問題，而是以柔軟心來對治。憎恨或憤怒如同其他具毀滅性的情緒，我們不應該壓抑它，而是要慢慢地連根拔除。

假如我們以暴制暴，那麼暴力將變得永無止境。憎恨會更加深恨意，復仇的意念將會產生更多報復的想法。怨恨永遠無法戰勝怨恨，只會增加更多的怨恨。對付這些邪惡想法的最佳方法，是以慈悲心、寬恕、容忍和耐心去矯正。甘地曾說：「一報還一報，這個世界將會變得盲目。」

第二十一章 爲愛所挫

我們不應降低自己的人格，或者遭他人厭惡。

生存於這個世界，我們的慾望永遠沒有滿足的一天。無論是擁有多大的權勢和影響力的人，仍然會遭遇挫折。他所沒有的東西，就會希望得到它。當他擁有許多東西時，他就會希望換個口味，每個人都有無止境的慾望。

在心靈上，希冀他人的關愛，卻總是帶來挫折。當一個人戀愛了，但他的情感卻不能得到回報，他便會因此感到沮喪。這是年輕人常遭遇的問題。即使事情進展得很順利，也有可能突然有所轉變。

誰娶了那個女孩？從前有個年輕人，深深地愛上鄰鎮的女孩，他每天都寫信向那女孩表達愛意。在寫了上百封的信後，他驚訝的發現，女孩嫁給了那位送信的郵差。

有些人一見鍾情，而且快樂地廝守終生。有些人一見鍾情後，卻感到迷惑和後悔。

但是，對大部份的人而言，雙方感情是經過時間的培養。因此，當愛苗無法在瞬間發芽時，我們不要輕易地感到沮喪。俗話說：「膽小的心靈無法獲得淑女的芳心。」這句話意謂著不能堅持的人，無法獲得他喜歡的人。

有些人能以成熟的態度，使他人慢慢地注意到他們的善意、體貼、堅持和愛人的心。我們不應吝於表達自我的情感。畢竟，人類的情緒就像大自然的萬物般，會因時空而轉移。當一個人的行為舉止表現良好時，他人自然就會發掘對方的優點，並產生好感，但這些轉變需要時間來培養。

但是，我們無法贏得所有人的好感。尤其是所得到的回答清楚的表達「不」時，我們就不應該用盡其極表達愛意。我們應該給予他人做決定的權利，同時尊重這個決定。法律上並沒有規定人必須回報他人的善意。當一個人付出而沒有得到回報時，仍應該以朋友的身份為對方祈福，不因此事而妨礙了個人的人格發展，並讓自己令人厭惡。

分辨實際的魅力：從前有個年輕人，他希望他理想中的女孩能夠愛上他。他試著送花、送禮物，但女孩卻不為所動。試過各種方法都失效後，最後他想到了一個計劃——愛的魅力。於是，他跑到寺廟中，試圖說服僧侶為他調製一帖藥。「對不起！這兒不生

產這種東西。」僧侶說道：「假如這個女孩對你沒有興趣，試著找別人吧！」但是，這個年輕人堅持他只希望能得到她的愛。

勸告無用後，僧侶只好試試別的方法。僧侶說：「好吧！帶著這瓶油，明早你第一件事就是去見她，然後把油塗在她的額頭上。」

這個年輕人隔天一大早就起床，在女孩家門口焦急地等著。當她帶著掃帚走出門口去掃地時，他跑上前，將手伸到油瓶中，照著僧侶的指示將油塗在她的前額。

這個女孩不只感到厭惡，而且變得很生氣，她用掃帚將他趕出去。這個年輕人因著愛的魅力而學到苦澀的一課，於是他決定把愛意轉向一直喜歡著他的女孩。事實上，他因這次的意外學聰明了，娶了那位真正愛他的女孩。

決裂

在任何愛情的關係中，都存在著決裂的可能性。親密關係飄緲不定，可能有變質的一天，使兩人面臨決裂。而決裂的關係總會帶來痛楚，尤其是專注於同一對象的人。情感的臍帶遲早會斷落，每切斷一次，都會使人流血。人們有時必須接受一項事實：人皆深受情感的影響，我們的所言所行，可能隨時會在記憶中甦醒，情緒會如同洪水般充塞心中。

此時，有些人們會如同受傷的獵物般四處飄蕩。假如我們對於決裂已無能爲力，那麼最重要的事，便是接受它。唯有接受決裂，才能撫平受傷的心，而不至於一直企圖想挽回頹勢。人們在傷口癒合前，必然會經歷許多情緒的困擾。

首先，震驚是第一個反應，很難想像雙方已經分手了。在震驚之後，感到自尊受到傷害，顏面盡失。在找到挽回自尊的方法後，還必須忍受獨自一人的寂寞。雖然非一日或一週，但是，寂寞終究會消失。只需要花費較長久的時間，但它仍會消失。在這段期間，我們應該試著活在今日，不要回想過去，或者對未來過於焦慮。活在今日能幫助我們度過最糟的日子。不再受到分手的影響，獲得眞正的自由。

在這段調適期間，應避免做出過於愚蠢之事。我們一直從報紙上得知某些人因傷心而自殺或去殺人。曾經有一個年輕人投河自盡，在他口袋中發現用塑膠膜包裝好的情書。他的女友嫁給別人，他因而心碎，於是自殺了。另外，有些人因爲戀愛失敗所產生的挫折和沮喪而發狂。有些人遭人遺棄後，甚至拒絕結婚或戀愛。

爲何人們必須忍受這些折磨？因爲他們不了解生命的無常，因此常爲情緒所困擾，對他人產生依賴和不合理的期望。一個能夠了解生命本質的人，知道世事多變。在某一刻，情況令人感到愉悅而順利。但是在轉瞬間，情況卻變得很糟糕，令人難以忍受。就如同鐘擺的晃動般，我們所願意見到或不願見到的情況充斥世間，然而，我們必須全盤接受。

或許有人喜歡享受勝利的快感，但是，他必須承受失去的危險。名聲、讚美和快樂的反面是誹謗、責罵和痛苦。但是，在歷經最糟糕的情況後，事情應該會有轉機；失去後能夠再獲得，壞名聲可以變成好的，責罵會轉爲稱讚，痛苦後能獲得幸福——這就是世界的無常。心靈，也如同世事般多變。只要雙方能夠無私地給予、相互尊重和分享兩人之間的愛情，就能夠變成深邃而成熟。但是，如果一不在意，或者非關雙方的責任，情況自然的轉變，也會使愛情變質。

對於心靈的煩惱或挫折，對治的方法之一，就是從他人的經驗中了解本身痛苦和困境的程度。有時，你認爲天地爲之變色。但是，假如你回想一下，你將會驚訝地發現，你比其他人幸運得多。總之，你會不由自主地誇大了你的問題。別人的煩惱比你多，而且他們不會無端地去庸人自擾。

另一個減少煩惱的方法，是將過去的情形重新思考一遍。而且，想想經由你的耐心和努力是否能克服類似、甚至更糟的情境。利用這個方法，現在的煩惱將不會把你擊倒。相反地，你會下定決心去解決當前的問題。你應該了解，既然已經遭遇過那麼糟糕的情況，無論下回將遇到什麼事，都有信心解決。有了這樣的心理準備，你會重拾信心，再度面對你心中的任何問題。

第二十二章　愉快的婚姻生活

有些人相信婚姻生活好比天堂，但是，當婚姻處理不當時，就如地獄般可怕。

在婚姻生活中，丈夫和妻子都必須對婚姻關係付出心血。這種關係是一種興趣的交織網，雙方皆必須爲對方有所犧牲。只有彼此間成熟的了解和關懷，才能在婚姻中建立起保障和滿足。

幸福的婚姻並沒有捷徑，兩個有親密關係的人長久地生活在一起，誤解和摩擦是家常便飯。爲了克服嫉妒、憤怒和懷疑，需要相互間的諒解和容忍。人相處在一起，必須相互付出，婚姻中，你不可能只向他人要求，而本身卻不必爲他人犧牲。

建立成功的婚姻

成功婚姻的基石在雙方的協調，並非僅是找到正確的伴侶。雙方皆須試著經由成熟的尊敬、愛和關心來調整自己。愛是一種內在的感覺和滿足，來自於自身的成熟。在一個成功的婚姻內，一個人不能總是要求事情照著他的意思去做。有一個有趣的俗諺說

——男人有其意志，但女人自有辦法。兩人共走的道路僅有一條，或許這條道路崎嶇不平，甚至是險境重重，但卻是一條兩人攜手共進的道路。

幸福的婚姻，不是閉起雙眼即可獲得。我們常會看到對方的缺點和優點，必須承認沒有人是完美的。一對夫妻應試著在日常生活中，共同分享快樂和痛苦。相互的諒解是快樂婚姻的祕密之鑰。婚姻是上天的賜福，不幸的是，許多人的生活中缺乏溝通和了解。

婚姻的大部份困擾，通常來自於相互間的不妥協和沒有耐性。避免誤解的黃金定律即是多學習容忍、諒解和耐性。人類總是很情緒化地，因此有發怒的傾向。丈夫和妻子應該極力避免在同一時間內生氣，這是快樂婚姻的定律。假如兩人不在同一時間發怒，耐心、容忍和諒解等高尚心靈將解決問題。

丈夫應該以尊敬、諒解和體貼的態度來對待妻子，而不是把她當作奴婢，或者擺在手邊的洋娃娃。或許丈夫是家庭的經濟來源，但是當丈夫有空時，也應該幫忙做家事。另一方面，妻子不應在丈夫耳邊嘮叨，抱怨一些瑣事。假如丈夫眞的有不少缺點，爲人妻者應該有耐心地溝通，用禮貌的態度指正他。當個人的事業陷入危機時，配偶應試著在不打擾對方的情形下將事情處理好。假如醋勁太大，就應該試著壓抑對配偶的猜疑，

尤其很多事情並不容易判斷對錯時。在佛教中，良好婚姻關係的首要之務，即是尊重和信任。

婚姻中的性

在幸福的婚姻中，性應該發生在適當的場合下。如同火一般，性可以是個好僕人，卻也可以是搗亂者。性不應被不健康地壓抑，也不應該被病態地誇大。對於性的渴望，就如同其他情感般，應該規律化。雖然對大多數的夫妻而言，性是非常重要的一環。但是我們必須明瞭，性不是一個人快樂與否的首要因素。另一方面，有些人有著豐富的性生活卻仍然不快樂。真正的愛並非肉慾，而是一種契合的心靈狀態。

性並非只是肉體上的滿足，而是永久伴侶關係的基石。歷經時間的磨鍊，愛和尊敬顯而易見是親密關係的基礎。康乃爾醫學中心的海倫．凱伯蘭醫師說：「沒有親密的關係，就沒有真正的愛情。」她對於親密的定義是一種分享的感覺，而不只是訊息的交換。沒有親密關係的夫妻只能談些瑣事，譬如天氣、最近的電視節目或者晚餐該吃些什麼。他們從來不讓對方明瞭他們是否快樂或不快樂，害怕或擔憂。他們也不關心對方真正的感受。

夫妻應該盡力培養貞節和忠誠等永恆的美德，這些美德會增進夫妻間的親密程度。沒有人能夠免於因果循環的宇宙法則。社會成員間的和諧和個人成長，在於承認這些基礎法則，而不是讓自己屈服於動物的獸慾，爲我們所愛的人帶來痛楚。自重、尊嚴等人類特質在現今社會中，已日漸腐蝕殆盡。

誰比較文明？山地部落中女人的傳統服飾，是裸露其上半身。但是，那些世代辛勤工作的男人並不會因而神魂顛倒、無意工作。然而，當一群研究他們生活的研究人員到達時，首領告訴女孩們要藏起來，因爲在部落中被男性族人包圍，她們仍然會很安全。但是，對於那些來自文明世界、受過教育的人，可不知會對女孩們做出些什麼輕薄的舉動。

今日的人過於依賴、堅持一種觀念，認爲性是騷動的原因之一。我們的祖先替性找了許多藉口，產生許多僞善的行爲，幸好今日這層面紗多已揭去。但是，今日的性觀念卻是過於推崇和慫動，因此阻礙了性價值觀的進展。大眾傳播媒體特別強調了生命中色慾的一面，使人類受到各方面的性衝擊而變得不健康。於是，有人以性爲生活重心，忽

視了其他重要的責任。

愉快的婚姻

釋尊曾說：「差勁夫妻的結合，就如同兩個屍體一起生活。」差勁丈夫和好妻子的結合，就如同屍體和天使共同生活。好丈夫和好妻子的婚姻生活，就如同兩個天使在一起生活。有一個關於婚姻生活的笑話：一個好的婚姻，存在於盲妻子和聾丈夫之間（妻子不會看見丈夫的缺點，丈夫聽不到妻子的嘮叨）。

許多的宗教律法，規定一個男人可以娶一個以上的太太，有些宗教規定一夫一妻制。至於佛教教義則認爲婚姻是個人的選擇，同時人們也必須遵守所處國家的法律。即使是允許一夫多妻制，卻有證據顯示一個男人擁有許多老婆，只是爲自己的生活帶來更多的煩惱和負擔。

對於大部份的人而言，煩惱已經夠多了。但是許多人不去克服它，卻往外尋找更多的麻煩。

一個男人和兩個妻子：從前有位長者，不滿意已經結褵多年的太太。於是，他決定娶一個極具魅力的美貌女人。但是，這個女人卻羞於讓他人知道她嫁了個老頭。為了使他看起來年輕些，她將他頭上的白髮拔掉。當大老婆知道此事，為了使他看起來老些，也開始拔丈夫頭上的黑髮。兩個女人的戰爭持續了許久，最後那個男人因此變成禿頭，頭上沒有一根白髮，也沒有任何的黑髮。

女士們對於生日和各種紀念日牢記於心，細心的丈夫應牢記這些日子，不要以忙碌為藉口，記得向太太表達感謝之意。這些小舉動可以讓你所愛的人知道你對她的看法，你願意去取悅她，而她的幸福與你息息相關。為人妻者應感謝丈夫的體貼作為。這些善意，都是使家庭生活幸福的因子。這些表達愛意的小舉動，是幸福婚姻的基礎。

今日的夫妻，能夠經過家庭計劃來決定家庭的規模。聰明的夫婦應該衡量經濟和能力來做一番計劃，佛教徒沒有理由拒絕避孕和節育。然而，一但胎兒成形了，它有繼續生存的權利。佛教並不支持和赦免如殺人般的墮胎行為。

婚姻好比一對剪刀，刀柄、刀葉無法分離。通常他們以反方向行進，但會傷害任何夾在他們中間的事物。

婚姻的鎖鍊是如此地沈重，它需要兩個人共同負擔。

第二十三章 你的美貌

美貌是非常主觀的，你認為美麗的事物，在別人眼中卻可能是醜陋的。

廣告深深影響了我們對美的看法，但美麗卻是我們親眼所見，如同俗諺所說：「情人眼裡出西施。」積極的晉身策略，改變了人們對時尚、品質及浮華的接受程度。經過了一段時間，盲目的男男女女誤以爲美貌是人類的基本權利。而且，對許多人而言，美貌是指外在的表面而非內在美。當他們找尋朋友或終身伴侶時，外在的美麗是認定的條件。

爲了獲得姣好的面孔，人們花了許多額外的費用，試了千百種方法，只爲了達到渴望的外形；人們參加減肥課程、跳有氧舞蹈、整容、穿時髦服飾、梳新髮型。通常人們對外在非常敏感，尤其在發覺身上增加了些許贅肉後。

男人也無法逃避這種流行，男女皆花了許多時間在裝扮上，只爲了讓自己看起來漂亮些。現代女性在昂貴的服飾和化粧品上花了許多金錢。化粧品公司也以各式各樣昂貴的促銷活動，企圖影響他們的購買選擇。

有些學識修養淵博的女人，對服飾也非常著迷，聽起來的確令人感到訝異。假如一個男人和一個女人在街上遇見另一對男女，這個女人很少會注意另一個男人，她通常會注意另一個女人的穿著打扮。

除了努力追尋美麗外，人們都忘記與生俱有，卻很少使用的本質。或許，因爲化粧品提供了一種速成的美貌，代替了眞正的美麗，使得人們忽略了自然的天成的美。

在速食的時代，所有的東西都講究現成，女人也求助於市場上唾手可得的化粧品來獲得美麗。現在，讓我們回到美麗的本質，或許我們會問：「美麗的本質究竟指的是什麼？」它是慈悲、愛心、同情心和一顆美麗的心。在所有的化粧品中，善心是最佳的產品；它是天然的、便宜的，而且永遠有效。擁有這種美麗特質的人，毋需在臉上撲粉或做頭髮，看起來就很漂亮。

即使一個人生來長相平庸，若他肯培養慈悲心和耐心，他仍然是具有魅力、光芒四射的人。這些美德會增加內在的魅力，然後顯現於外，使個人具有令人不可抗拒的氣質。這種個人的特質會吸引許多人。而外在膚淺的美麗就如花朵般，無法持久。但是，當內在美的魅力增加了，在人們變得更成熟之際，便會散發更濃郁的香氣。

另一方面，即使一個人天生英俊或身材姣好，但是個性善妒、自私、狡猾和自滿，人們也不會願意接近這種人。假如一個人充滿善意、不說刻薄話、彬彬有禮，他會比自滿的帥哥、美女更吸引人。美麗的外在能吸引人們的注意力，但是能持續多久呢？尤其對於內在污穢的人，外在的美麗是非常容易消逝的。俗諺謂：「美麗是膚淺的。」此話相當正確。但是，善意的美麗卻能夠持久，而且為人人所稱羨。

這個世界就像是一面鏡子，我們朝它微笑，就可看到一張微笑的臉。但是，如果我們朝它皺眉或生氣，我們就會看到同一張醜陋的臉。同樣地，我們若保有慈悲心和同情心，人們會以相同的特質回報我們。如果我們的表現是出自於內心的美德，這一切將化為外在的良好舉止。

如果你生就一副美人胚子，你應該認為你是幸運兒。佛教認為天生美麗是上天的祝福。但是，不應該因美麗或英俊就變得自大、自滿，這樣只會使你遭人排斥。自滿不僅使你面貌變得醜陋，更重要地，它會成為心靈成長和幸福的阻礙。

第二十四章　累積自身的福祉

通過正當的方式來累積財富，不是件錯誤的事

在下了幾天的豪雨後，一個以善泳著名的村莊因河堤潰決而氾濫成災。當雨停時，村莊中五、六個朋友決定搭船到對岸去。剛航到河中央，船卻開始解體了。因爲乘客都是善於游泳的人，於是他們跳下船，開始游到對岸。但是，他們發現其中一人游得很慢，似乎未盡其全力。

「喂！你爲什麼落後了？」他的朋友大叫著，「你向來游得比我們都好。」

「我腰上纏著上千個銅板，很重呀！」

「這兒的水流很急，趕快把銅板丟掉！」他們提出勸告。

但是，他搖搖頭，不管多麼疲倦，他也捨不得將錢就這麼丟掉。

有些朋友爬上了對岸，遠遠望見他正在下沈。

「把錢丟掉！」他們又再次大叫著：「你怎麼這麼呆，你正在往下沈啊！」但是他仍然攬著錢，於是很快地被急流帶走，溺死了。

滿足

沒有人能夠獲得完美的幸福，除非他能夠控制貪婪的心靈。只要不停地追求物質的滿足，他就永遠無法找到幸福，只會陷身於捉摸不定的夢中。人無法得到他所想要的一切，因爲人性是貪得無饜的。

對金錢的迷惑

在今日的物質世界，人們深信金錢至上，每個人都想要一夕致富，於是人人極盡所能，用盡一切辦法歛財。由於這個世界急於累積財富，道德、榮譽和正直似乎喪失對人性的影響力和意義。在物質主義的包圍下，人們快速地失去精神的價值。經過正當手段去取得財富並非壞事。但是，採用非正當的手段將招來麻煩、困難和罪惡感。

在追求財富的過程中，人們忽略了一項事實；金錢只是達到目標的方法。人們無法明瞭財富的本質、意義和目的。他們只對一個目的產生興趣——累積更多的金錢。最後，他會感到挫折和迷惘，因爲他並不比貧窮時感到更快樂，這也就是爲何有些富人感到不快樂、煩躁不安和感到悲哀的原因。他們忘了金錢只能買到感官的世俗的快樂，而非眞正的幸福。

在報上常見詐騙金錢的案件，這些可憎的行爲使人痛苦，甚至使人因肉體或精神上損失而致死。但是，這些可鄙的行爲常是那些具有社會地位的人所爲。他們利用聰明才智和別人對他們的信任，來搜刮他人的財富。

由於人們一心一意想一夕致富，導致互相欺騙，破壞彼此的信任，他們人生的唯一目標是賺錢，賺更多的錢，甚至對宗教的告誡漠視不理。誠實和正直對他們來說變得毫無意義，他們需要更多的錢來滿足感官上的娛樂和對財富的渴望。

錯誤的平等

我們必須承認，累積財富能帶來某種程度的快樂和安全感。但是我們不應該將累積財富當作是人生的唯一目標，而忘記有許多事可以讓我們的生命充滿意義。爲了使生命有意義，並且充滿寧靜和諧，必須對財富培養正確眞實的態度。

對現況感到滿足的人，將永遠感到不虞匱乏。

——老子

每個人都在找尋幸福，這是很自然的事。不幸地，許多人將幸福與財富視爲同一件事。但是，對一位智者來說，這是一種錯誤的觀念。一個偉人的特徵在於很容易對簡單的事物感到滿足，而且慾望很少。所有偉大的人都過著一種簡單、高貴的生活，試著學習自我克制，遠離淫蕩、浪費精力的生活。而且，需求愈少，幸福愈多。希臘哲學家伊比鳩魯曾說：「假如你想要使某人快樂，不要增加他的財富，只要把他的慾望拿走。」

財富並不是獲得幸福的唯一方法，顯而易見地，物質安慰無法滿足貪得無饜的心。我們的日常所需，可以輕易地滿足，但是我們的慾望卻貪得無饜。事實上，一個知道減少慾望的人，能夠從生命中獲得更多的回饋。人們的身體只需些許的物質就可以生存下去，但是，許多人在經濟許可下，卻拼命地大吃大喝。他是爲吃而活，而非爲了生存而吃東西。我們也毋須太多衣服蔽體，就如同蘇格拉底所說的話：「你所謂的幸福，是好食物、華麗的衣裳或其它奢華的物品。但是，我相信沒有慾望的人是上天的最大祝福。為了獲得最大的幸福，一個人必須學習感到容易滿足。」

善用財富

財富必須被善加利用，以便增進你和他人的福利。假如一個人終其一生依戀財富，不對國家、朋友和信仰盡義務，他的生活將充滿憂慮和空虛。最後，當離開世界的時間來臨時，他才會明瞭他尚未充份使用他的財富。沒有人，包括他自己，會從拚命積蓄的財富中得到任何益處。

釋尊曾勸告我們避免愚蠢地累積財產，卻不試著去改善生活品質和他人的幸福。「當你死時，財產會留下來，你的親友會送你到你的墓地。但是，只有你在世間的所作所為會跟著你到墓中。」

人有從善及作惡的本質存在，無論如何，人們會爲了隱藏他不誠實、不道德的行爲而去扭曲事實的眞相，甚至欺騙他人。但是，當我們做了錯事時，最好還是承認自己犯的過錯。否則，人們將一輩子背負這條鎖鍊。即使是墨索里尼和希特勒讓他人承受痛苦時，他們仍然堅持其動機是善的。當雌老虎叨個嬰孩去餵牠的小老虎時，牠也是有這種想法。假如你想要得到眞正的快樂，你必須檢討你行爲的動機，確信本身的動機並非出於自私，而是爲了人類的福祉。因此，現在是重新檢討我們所擁有的價值觀的時機。

或許下面某位不知名作者的詩作，能讓我們更了解金錢的價值：

金錢能夠買到什麼？
買得到床鋪，卻買不到安眠。
買得到書籍，卻買不到知識。
買得到食物，卻買不到食慾。
買得到衣飾，卻買不到美麗。
買得到住屋，卻買不到家。
買得到藥，卻買不到健康。
買得到奢華，卻買不到舒適。
買得到享樂，卻買不到快樂。
買得到宗教，卻買不到濟世的精神。

不要說這屬於你的，那屬於我的，
而是說，我們暫時擁有。

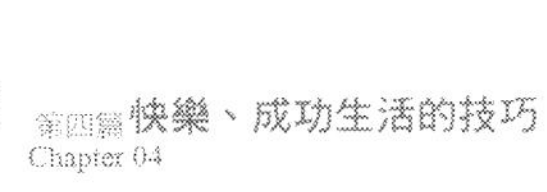

或許，如此我們才不會為了消逝的榮耀而感到遺憾。

第二十五章　與他人和諧相處

與他人和諧地相處，意謂著與大自然和諧地相處，大自然本身就是你的保護神。

快樂生活的重要因素之一，就是能夠與他人和平共處。我們必須承認，為了達到目標，人們可以經由不同的途徑去完成。因此，當別人擁有不同的習俗與意見時，我們毋須因而沮喪。

禮節和習俗

不同社會的人對禮貌的標準不同；在有些國家，客人在晚宴中愈是吃得嘖嘖有聲愈好，而且，客人在酒足飯飽之餘打嗝，並非不禮貌，反倒是告訴主人，他們真的很喜歡這餐飯。有些人認為用手吃咖哩飯是不禮貌地，對他們而言，用叉子和湯匙吃咖哩飯是件浪漫的事。但是，這樣的餐桌禮節在其他的社會或許被認為是粗魯地。在某些國家，將手指放在嘴巴或鼻子上，表示在侮罵對方，但是在其他的國家，這種舉止並不具任何意義。有些人認為被人用鞋子打是件可恥的事，有些人認為拖鞋本來就是用來打小孩

的。

尤其是當我們出外旅遊時，會發覺其他的社會普遍存在著奇異的風俗民情。我們不應帶著偏見，斷然地判斷何者正當、何者不是。禮儀本身無所謂好壞，但是，當他人對此感到不舒服時，就可稱作不正當的禮儀。

生活在多變的社會中，我們不應盲從於傳統、風俗、禮儀、慣例和儀式；遵循祖先當時的信仰來行事，此乃食古不化的行爲。祖先所流傳下來的慣例和傳統或許是好的，但有些是無益的。我們應該敞開心胸，接納那些對當今社會重要而同質的傳統。

釋尊對於慣例、傳統、信仰給予下列的忠告：當你了解某些事情對你和他人而言是有害而錯誤的，那麼就放棄它……，當你知道某些事對你和旁人而言是有益的，那麼就接受它、聽其行事。

有些長者無法忍受現代年輕人的想法和生活方式，他們期盼孩子們會遵守擁有悠久歷史的習俗和傳統。實際上，他們應該允許年輕人去參加那些無害的現代活動。年長者應該回想起年輕時，他們的父母主觀地否決當代流行的生活模式和行爲舉止時，他們的內心感到多麼痛苦。今日，對事物持不同的觀念是造成父母和孩子不和的主因。但是，這並不表示在孩子因某些錯誤的觀念而做錯事時，父母躊躇不前不去勸告、指導他們。

只是表示父母在指正孩子時，應該了解預防甚於懲罰。父母親也應該解釋爲何他們會贊同或反對某些價值觀。

容許他人與你意見不一致的權利

假如一個人單獨生活在這個世界上，他毋須面對不同的意見。但是，假如我們選擇生活在這個社會中，我們必須學習尊重和處理與你的看法相距甚遠的意見。

前任聯合國祕書長尤坦曾說，當他在辦公室工作時，他小心翼翼地避免在言語行動中，將自己的信仰和傳統加諸於同事身上。但是，當他在家中時，他完全按照緬甸的傳統，包括語言、食物和宗教。這顯示了一個值得尊敬的人，從來不會運用個人的影響力，強迫他人接受他的信仰和生活方式。

同時，我們生活在一個權力勝過權利的世界。強者壓抑弱者，富人剝削窮人。但是，我們應該避免這種行爲。假如我們無法認同他人的意見，至少我們必須學習如何表達不贊同的意見。我們應該以溫和有禮的態度來表達，而不是只顧著壓抑別人。那些用武力強迫他人接受其意見的人，只會顯示他們無法說服對方，承認他的意見是正確地。

當別人贊同我們時，我們會感覺很舒服，但是個人的成長總發生在別人有異議時。

有時，他人會批評我們的言行舉止，所說的話我們不樂意聽到，但是如果細心聆聽，我們會了解那些話帶有眞理。假如願意改變行事準則，我們將會有所成長。這個世界猶如種植了各式花朵的花園，如同蜜蜂採蜜，我們有權利選擇美麗的花朵，不擷取無所助益的花朵。我們的行事，無法取悅每個人；因為，不同的人對我們的行事方法各有自己的意見。

我們無法取悅每個人：從前，有個男人和他的孩子牽著驢子到市場去賣。當他們走在路上時，有些人見狀，對他們說：「看看這兩個傻子！他們爲什麼不騎驢子呢？」這個男人聽到了，就叫小孩騎到驢背上，他在旁邊跟著走。有個老女人看到這個情形，就說：「這是什麼世界呀！那個年輕人舒服地騎在驢背上，他可憐的老爸卻在走路。」這一次，年輕人跳下驢背，換他的父親騎驢。於是，他們繼續往前走。

此時，一位年輕女人經過他們身旁說道：「你們倆爲何不能同時騎上驢背呢？」於是，他們倆都騎到驢背上。這時，另一個人看到他們後大叫：「哦！可憐的動物。牠必須馱著這倆個肥仔，這些人是多麼地殘忍呀！」這時，父親和兒子覺得實在受夠了，他們決定不再騎在驢背上，以杜絕悠悠之口。但是，看到這情形的人卻大笑著說：「看看這倆個笨驢仔牽著一頭驢子。」當然，驢子也不喜歡如此地任人擺佈。於是在接近河邊時，牠拼命掙扎想逃脫。結果，父親、兒子和驢子通通掉落到水中。

當你試圖取悅每一個人時，不但你無法使任何人感到高興，反而替自己惹來麻煩。

耐心和容忍

那些能在艱苦時刻仍保持高昂鬥志的人，相當值得讚許，同時，他們的精神也可以激勵週遭的人。他們對事積極樂觀，因此避免了許多困擾。一個有智慧的人，能夠藉著適當地回應他人的言語和嘲笑來避免爭吵。

當別人想要侮辱我們時，我們必須學習如何面對他人，並以反諷回報。

以笑話回饋：從前，有個有名的英國人去參加一個宴會，當他離開家時，他的朋友們決定對他開個玩笑。他們在他的外套背面畫個驢臉。宴會結束後，他去取回外套，才發覺有人對他惡作劇。他非但不生氣，反而冷靜地問：「今天下午誰把自個兒的臉擦在我外套上了？」他的朋友們對他的問題感到訝異，於是，他解釋道：「我只是想知道，

是誰把他自個兒的驢臉留在我外套的後面了。」

當你在遊戲中輸了，你該怎麼辦？你不應該發脾氣，因為你若發脾氣，你不但會破壞了遊戲的趣味性，還會喪失朋友對你的尊敬。

每一個人都有責任發掘、培養深藏於人性中的耐心、愛心和誠實的種子。最後，個人終生的努力，將會為當代及後世的人帶來福利。這樣的人才是文明的人，而且，他會以憐憫和諒解來面對困難。

偉人的特徵之一，在於他以冷靜的態度來面對日常的煩惱。

他不是我的僕人，而是我的導師：一位偉大的佛教法師狄龐卡拉，有一次被邀請至西藏宣揚教義。這位導師沿途帶著一位愛吵架、不負責任而且廚藝糟糕的廚師。西藏人觀察這廚師一陣子後，以尊敬的口吻問這位導師：「大師，您為何要容忍那位無用廚師的壞脾氣呢？他只是會妨礙您，對您一點幫助也沒有，您為何不將他遣送回去呢？我們很樂意幫助您。」這位導師微笑地回答：「哦！你不了解，我並不以為他是我的僕人，我以他為師。」西藏人感到訝異地問道：「大師何出此言？」這位導師解釋道：「他的無能和好爭吵的天性，每天教導我學著去容忍和培養耐性。因此，我認爲他有他的價值。」

或許有些人會說，耐性和容忍的特質不切實際，而且過於理想化不易實現。有些憤世嫉俗的人懷疑人們處於互相敵對的世界，只能勉強苟存，怎會有興趣去培養愛心和善意。當然，這些特質不易實行，需要一些堅持和決心。但是佛陀和他的弟子在無數的場合中，證明它的可行性。

善用外交辭令

你無法藉著糾正世界上的每一個人來獲得寧靜，同樣地，就算將世界所有的石頭和刺除去，仍然無法開闢出一條坦途大道。在不平坦的道路上，若想要走得舒服，我們就該穿上鞋子。既然我們無法將世界上所有的障礙物除去，我們就應該保持心靈的平靜。

若某人犯錯，你會有許多方法去改正他，然而，在公共場合中對他批判、責罵和大聲叫喊卻無濟於事，你的行爲只是使他更堅持己見。

所以，請以友善的態度指正他的錯誤。他會因此樂意接受你的勸告，在未來，他會

感謝你的指導和好心。

每當你在陳述你的意見時，應該避免一些刻薄的字眼和憤怒，以免傷害他人的情感。另一方面，當別人指正你的錯誤時，你不應該發脾氣，或是帶著一張不快樂的臉孔。或許，你認爲發脾氣、露出猙獰的臉孔、對別人大吼大叫可以嚇嚇他人，讓他們忽略了你的缺點。但是，這是錯誤的態度。粗魯、大叫、憤怒和咀咒，只會徒然暴露出一個人的意志薄弱。

達賴喇嘛曾說：「當我遇見一個人時，我未曾考慮過他的種族、膚色、信仰或生活方式。我只是想到我遇見了人類家族的一員。」

第二十六章　人可以改善週遭環境

心靈是我們命運的建築師，它可以使我們生病，也可以讓我們痊癒。

自然終究是平衡的，人們無法干擾其均衡狀態。大自然的律法是無偏無私，不因禱告、讚美或犧牲而動搖。自然的活動包括物質和心靈層面，不受俗世執法者的干擾。其中規範人類生命特質的法律是因果循環論。這條律法規定了人類的道德層面，由思想、言語、舉止所導致的健康或不健康的行動，經過時間的洗禮後，終究會產生善報或惡報。

假如一個粗暴的人有著邪惡的舉止，不和宇宙律法和諧相處，他不良的惡行將會污染了週遭的氣氛。他的不良行爲所產生的惡果，使他無法擁有快樂、滿足和寧靜的生活。污染了的心靈使自己和他人不快樂。相反地，假如他和大自然和諧相處，他將擁有正當而和平的生活，週遭氣氛將因他的美德而得到淨化。他積極的心靈，深深地影響了他週遭的人們，並創造一個和平而幸福的環境。

美德的養成

擁有美德且積極的心靈，並非可以自動產生。對許多人而言，特別容易陷入憤怒、嫉妒、壞心眼和復仇心等負面情緒之中，尤其是面臨外在的競爭時。

什麼是真正的寶藏？從前有個人，將諂媚他人視爲個人的勝利。有一天，他得到一塊玉，他想將它獻給大臣。但是，無論他怎麼說服大臣，大臣始終都拒絕接受。那位仁兄說：「這可是眞正的寶藏！平凡人沒有使用它的權利，只有像您如此高貴的人方值得佩戴它。這塊玉就像是天生該由您來擁有它，戴著它。」「或許你把這塊玉當寶貝，」這位正直的大臣說道：「但是，我不是可以輕易地被收買的！這就是我的寶藏。」

美德需透過刻意的訓練方可養成，一個想要獲得美德的人，應該從日常生活中培養美德，使之成爲一種習慣；就如同學生必須反覆地複習功課，才能獲得成功。首先，他必須下定決心，盡力去發展具有建設性的人格特質，尤其是對具有強烈消極傾向的人。

全心全意地努力，便可以改變這些負面的傾向，培養出正確的思考、言語和舉止。一但養成這些好習慣，他將發現他無法再去做一些負面或不良的行為。他所養成的好習慣將具有自發性、創意和技巧，並使他擁有幸福。

善加使用心靈

全能的心靈是善與惡的創造者，心靈可以導致邪惡，所有邪惡之事皆是心靈所致。心靈也可為我們帶來快樂、成功與歡愉。令人驚訝的是，雖然心靈在我們心中，但是我們並不了解其本質。但是，有些人無法見到自己的未來，竟然說他們可以了解別人的心靈。

了解別人的心思：有一個人宣稱他可以了解別人的心思，也因此賺了一大筆錢。有一天，一個年輕人跑來找他，年輕人將一枝大拐杖拿給他看，然後說：「說出我內心的想法，告訴我，我會不會打你呢？」這位心靈解惑者了解他身處險境；不論他說是或不是，這個年輕人都可以否認。因為無法知道這位年輕人在想些什麼，所以他知道自己最好什麼話都不要說。

釋尊認爲，邪惡無法透過救世主來得到贖罪，反而因爲無知而造成污染，但是無知可以藉由智慧袪除；不認爲人被神所咀咒，出生即帶有原罪，注定悲慘的命運。相反的，釋尊採取光明面的觀點，認爲每個人皆具有行善的潛能，即使是最邪惡的人也可以經由努力，變成最有道德的人。而且，無論是多大的罪惡，皆不能以無止盡的痛苦來懲罰他。

心靈是一種工具，假如善加利用，它是極具建設性的。相反地，若不善加利用，它則有摧毀的力量；這項抉擇，是由我們自己所決定。一個想法能夠將幸福或悲傷的鎖鍊切斷。這就是爲何在佛教教義中，強調心靈訓練的原因。顯而易見地，一個受過良好訓練的心靈，是開放、快樂、寧靜而滿足的。

心靈如同電力般，電流可以殺死一個人，也可以照亮他的家，關鍵在於如何使用它。同樣地，一個行爲邪惡、否認良心制裁的人只會招來痛楚。相反地，控制自我心靈可以使他獲得最大的幸福。

釋尊曾說：「心靈是光輝的；純潔的力量是其本質。只有在人為蓄意污穢下，它才會遭受污染。」控制我們邪惡的想法並不容易。更困難的是要斷絕貪念、恨意和欺騙等不健康的想法。唯有心靈上的訓練，才能根除這些念頭。

所有行爲的背後都有思想作爲主宰，這些持續不斷的行動，決定了我們的個性。假如我們想法仁慈，我們就會變得仁慈有禮。假如我們的想法殘忍，我們的行爲就會變得殘暴不仁。假如我們有欺騙的想法，我們就會常常去騙人。假如我們的想法誠實，我們的行爲就會誠實不欺。假如我們帶著憐憫的想法，我們就會憐憫他人。我們的想法影響了我們的舉止和本性。

我們的傳道任務

培養我們的慈悲心和智慧，與發展人格同等重要。身爲人類，我們應該感到快樂。能夠當個人，是我們過去行善的結果。身爲人類，我們有最大的機會去獲得美德和智慧，並藉此增進我們的福利和幸福。讓我們的生命充滿目標，爲人類的生存增進美德。我們不應該浪費生而爲人的機會，濫用這項特權，犯下不道德的行爲而引起悲慘的事情。也不要讓日子像雲彩般流逝，不留任何痕跡。

今日社會需要的是前人的智慧，對後人來說也是最高的智慧。佛教不僅是前人或後代所擁有的智慧，佛教是由釋尊所發掘的永恆智慧——法，這個智慧如同被泉水四季灌溉的深井般。讓我們擁有這個泉湧不斷的智慧，沒有了它，個人和社會無法獲得永恆的寧靜和眞正的進步。

第二十七章　人性的尊嚴

古代的哲學清楚地告訴我們，生命的目的不僅是自私地為自己而活，而是應該以服務他人為神聖職務。

首先，讓我們確定在佛教觀點中，如何探討人性尊嚴這個簡單但常令人感到困惑的課題。

人類的何種特質，提升了人性中的尊嚴和神聖？其基礎在於我們日常人際關係的寶藏：那就是道德、倫理、才智和性靈。在心靈活動中，我們可以辨別是非、榮譽和羞恥。這些就是我們因身爲人類而該感到光榮的特質。正因爲我們珍惜這些特質，我們方不同於禽獸。

爲了發展個人的心靈，人們必須控制思想的力量，這種力量是辨別道德、倫理、是非、好壞的力量。這些皆是支配人類生活的象徵，動物並沒有這些特質——牠們依本能行事。顯而易見地，只有人類能夠發展心靈活動和思考力量達到登峰造極——包括徹底了解佛教的精義。

道德上的恥辱和恐懼

在混沌之世尚未有宗教出現時，人類爲兩種道德感所影響，以維持人類的尊嚴。這兩種因子是「羞恥心」和「罪惡感」；有做壞事念頭時，「羞恥心」這個純潔的心靈就會感到羞恥，「罪惡感」使人在做壞事時感到退縮。道德上的恥辱和道德上的恐懼，常常左右了人類的舉止。動物任由生存的本能來行事，並不經過道德上的思考。無論如何，當人們屈服於藥品、縱酒、貪慾、憤怒、嫉妒和自私等負面影響時，人們就喪失了均衡感。他們否認自己擁有人性尊嚴的權利，行爲舉止就如同禽獸一般。

我們以身爲文明人爲榮，某些人的行爲卻不如禽獸，爲此我們感到深深的遺憾，這自然不是我們樂意見到的發展。一個值得尊敬的人，擁有罪惡感和羞恥心兩項特徵；他對別人是仁慈的、具慈悲心的，他害怕會傷害他人，卻隨時準備幫助他人。這些看似尋常的價值觀，卻需要去珍惜和擁有。我們應該發展人類特質，而非違反此特質。在服務他人時，我們開發了潛在的美德，諒解、友善、憐憫、誠實、純淨、有禮、富人性和滿足的精神，這些都是值得我們去擁有，並爲此感到驕傲。

人類的不同本質

在人類的本質中，有許多有益的價值觀需要我們去維持和細心地灌溉。簡而言之，這些本質可分爲三方面：動物本質、人類本質、天賜本質。這三種本質在各個層面皆影響了我們的行爲。假如我們屈服於動物本質，對於醜陋邪惡的舉止不加以控制或努力去壓抑，我們將成爲社會的重擔。宗教是控制我們動物本質的有效工具。由宗教導師所教導的教義，應該成爲人們行爲的指引。

宗教也應該是開發、灌溉和改善我們潛在的人類本質的工具。在開發和改善了人類的本質後，我們可以達到神聖的目標——天賜的本質。達到此一境界後，那些貪婪、憤怒、恨意、嫉妒和其他不受歡迎的特質將消弭於無形，這使得人類更加神聖和值得尊敬。藉由宗教的幫助，我們的動物本質得以控制，然後我們可以開發改善人類的本質，最後達到上天賜與我們的神聖本質。

天賜的本質需要我們去開發；譬如良心、友善、爲他人著想、慈悲心與仁慈等等，並對他人的進步感到同等欣喜，不論輸贏、讚美或責怪都能做到不偏不倚，這是一種崇高的境界。

諷刺地是，許多有信仰的人仍然抱持著錯誤的觀念；他們竟然認爲人類可以僅藉助祈禱和輕鬆的禮拜儀式，來獲得神聖的目標。這種態度需要修正。我們有義務去努力，使自己過著眞實而有尊嚴的生活。我們必須實踐人性中善良的價值觀。世間的宗教，引導我們獲得寧靜和諧生活的道路。我們應盡力行善，同時將罪惡之事連根拔除。所有的宗教應該提供其追隨者重要而適當的指導，使人們互相尊敬和諒解地共同生活、共同工作。身爲信徒，我們彼此之間不應該產生恨意、嫉妒、敵意或高高在上的行爲。佛教的教義正是給予我們這般的指導。

若想過著有尊嚴的生活，均衡的生活方式是不二法門——千萬不要過著極端的生活。釋尊並沒有勸告我們爲了遵循教義，必須去折磨自我的身心。我們可以以中庸之道來實踐信仰，千萬不要做得過火了。萬萬不要忘記生活中最重要的一面——心靈的成長。釋尊的教誨可以分成三部份：現世的幸福、未來的幸福和永恆的幸福。努力去追尋永恆的幸福，你便能獲得有尊嚴而神聖的生活。

國家圖書館出版品預行編目資料

快樂自在：如何無憂無懼過生活／達摩難陀法師著. -- 1 版. -- 新北市：華夏出版有限公司,
2023.01
面；　公分. --（Sunny 文庫；276）
ISBN 978-626-7134-65-8（平裝）
1.CST：佛教修持 2.CST：生活指導

225.87　　111017549

Sunny 文庫 276
快樂自在：如何無憂無懼過生活

著　作　達摩難陀法師
印　刷　百通科技股份有限公司
電話：02-86926066 傳真：02-86926016
出　版　華夏出版有限公司
220 新北市板橋區縣民大道 3 段 93 巷 30 弄 25 號 1 樓
電話：02-32343788　傳真：02-22234544
E-mail：pftwsdom@ms7.hinet.net
總 經 銷　貿騰發賣股份有限公司
新北市 235 中和區立德街 136 號 6 樓
電話：02-82275988　傳真：02-82275989
網址：www.namode.com
版　次　2023 年 1 月 1 版
特　價　新台幣 320 元（缺頁或破損的書，請寄回更換）

ISBN：978-626-7134-65-8